生命,因閱讀而大好

諮商心理師教你不傷人也不受傷的人際關係學

給無法輕易絕交又想活得更自在的你

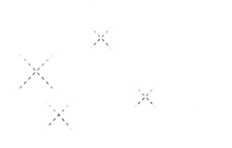

申紀律 신기율
——著

관계의 안목

내 삶에 의미 있는 관계와 사람을 알아보는 지혜

陳曉菁——譯

目錄 CONTENTS

前言

找到彼此相連的意義

在白雪覆蓋的喜馬拉雅山上，住著一隻很特別的鳥，一個身體同時長著兩個頭，牠正是傳說中的「共命鳥」*。其中一個頭叫做「迦嘍嗏」，另一個頭叫做「優波迦嘍嗏」。迦嘍嗏和優波迦嘍嗏會輪流睡覺，一個如果睡著，另一個便醒著。當迦嘍嗏入睡時，優波迦嘍嗏會醒過來並飛向天空；換優波迦嘍嗏休息時，迦嘍嗏則睜開眼睛開始高聲歌唱。某一天，優波迦嘍嗏在睡覺時，迦嘍嗏將自己找到的美味果實全部吃掉，因為牠認為牠們兩個是一體同生，所以就算獨自享用也沒關係。然而，得知這個事實的優波迦嘍嗏卻產生難以忍受的背叛感，為了報復迦嘍嗏，牠找到有毒的果實並吃進肚中。後來，果實裡的毒素慢慢在體內擴散，看著中毒而亡的迦嘍嗏，優波迦嘍嗏臉上浮現了微笑，即便知道一體同生的自己也必定會死，牠也在所不惜。

每次想起共命鳥的傳說，我都不禁想像，如果牠們能跟彼此分享各自經歷的世界，並由此產生共鳴的話，結局又會如何呢？這麼一來，共命鳥也許就不會爭吵，而是會用美麗的嗓音為彼此歌唱。雖然我為牠們的死亡感到惋惜，另一方面我卻覺得現代社會的人際關係，其實與無法產生同感的共命鳥十分相似。

我們全都彼此相連

如果要用一句話來描述共命鳥的故事，那或許可以用「2－1＝0」的算式來表達。數字2，象徵著「我和你」組成的關係；減1，則表示我將不喜歡的人事物去掉，也就是將跟我性格不合、態度不佳或難以溝通的無

＊故事出自佛教經典《佛本行集經》。

數個「你」，果斷地排除在人生之外。每當這麼做的時候，就像拔掉嘴裡的蛀牙一樣，雖然能感到一時的痛快和輕鬆，但過了一段時間後，就會發現自己像共命鳥一樣，慢慢地從他人的心中被抹滅掉了。

特別是在人際關係裡，這種情況經常會反覆出現。討厭的對象消失了，縱然會出現短暫的快樂時刻，卻也要面臨心靈秩序崩潰的危機。因為即便此時認為那個人是一個令人反感的對象，但在人生的漫長歲月中，當你再度回頭思考關於那個人的一切時，你就會明白他出現在你身邊的意義。最後你才領悟到，正是因為他的存在，你才能遇到各種好事和機緣。所謂的「關係」，並不像學生時期的考試那樣，只要答對既定的標準答案就能得分。想在考試中拿下高分，只要將唯一的正確答案找出來即可。如果你認為關係的問題也只有一個正解，那麼你必定會在這場考試中名落孫山。在關係裡，你只能改變自己的心態，並試著去理解每個人都有各自認定的正確答案，但其實一切都沒有正解。如此一來，像線團一樣糾纏不清的關係問題，才能得到解決。

需要溫柔看待彼此的眼光

為了解決沒有固定答案的關係矛盾，我們需要用多樣化的觀點來看待彼此，培養能與對方共感的「關係的眼光」。這裡的眼光，並不是指區分對方和自己的利害關係，也不是分辨是非的「辨別眼光」，而是指不帶偏見或誤會，可以看到對方最原始的模樣，這種具有深度和包容的「洞察眼光」。就像發掘藏在泥土裡的寶石一樣，這樣的眼光能幫助我們找到對方如同寶石般高貴的價值。

本書就是要來講述如何具備關係的眼光，以及做到相互包容、撫慰彼此傷口與共生共存的各種方法；同時也詳細說明怎樣才能產生共感、提起勇氣以及釋放心情等內容。如果你現在正因為關係的問題而感到度日艱辛，透過本書你將會得到克服困難的智慧和勇氣。

關係的眼光，不是要傳授將對方拒於千里之外的技巧，而是一種尋找共生方法的溫暖與正向視線。如果迦嘍嗏能夠理解優波迦嘍嗏未能品嚐到美味果實的不滿情緒，而優波迦嘍嗏也能原諒迦嘍嗏的話，或許牠們就能找到共同擁有一個生命的意義，最後也不會落到同歸於盡的下場。

現在這個時代也存在著許多共命鳥，或許在某一瞬間他們也忘了彼此之間是緊密相連的，反而在尋找能夠置對方於死地的有毒果實。為了阻止兩敗俱傷的悲劇再次發生，我希望每個人都能夠停止憎惡，致力於培養用溫柔之心看待彼此關係的眼光。

Chapter 1 共感

我們能真正理解他人嗎？

對他人產生共感，並不意味著要與對方保持良好關係。

唯有完全理解對方，才能夠停止爭吵，

不再有任何的憎恨和責怪。

產生共感的瞬間，治癒就已經開始

偶爾會產生一種遺憾的心情。明明是因為擔心陷入困境的對方而出手相助，但別說是一句道謝的話，有時對方還認為這是理所當然的。每當發生這種事，就不免感到鬱悶。雖然想過向對方吐露自己的心情，但又怕被誤認為是心胸狹窄的人，所以連開口也猶豫不決。即便知道助人是出於善意，不應該要求回報，卻很難不為此感到難受。無法消除的情緒經年累月下來，總有一天會達到臨界點而變成一發不可收拾的爭吵，在面紅耳赤的激烈爭執後，往往也會在對方心裡留下難以抹滅的傷口。

之所以會發生這種事，最大的原因在於無法取得「共感蹺蹺板」的平衡。我們可以將「共感」比喻成一座蹺蹺板，蹺蹺板的一端放著自己的心，另一端則放著對他人共感的心。如果對他人共感的情緒過於強烈，蹺蹺板就會向對方傾斜；反之，若更同理自身的情緒，蹺蹺板則會朝著自己傾斜。懂得拿捏共感的分寸，才能維持蹺蹺板的平衡。想要好好地駕馭蹺蹺板，就必須學會控制兩端的重量，如此一來蹺蹺板才不會只往一方傾斜，而是能夠不斷地上下起伏。一味地付出卻換來自己受傷，並不是因為對方不理解自己，而是因為自己不懂得掌握玩蹺蹺板的訣竅。把重心全放在理解對方的感受，卻忽視了自身的欲望，自己也必須為此付出代價。

像樹木般的人

美國兒童文學家謝爾·希爾弗斯坦（Shel Silverstein）撰寫的《愛心樹》，是一本讓我愛不釋手的書，每當傷心難過時，我都會拿出來重讀。書中以一棵樹和小男孩的故事為開端，小男孩每天都會來找這棵樹玩耍，用它的樹葉做成王冠，或者在樹枝綁上繩子盪鞦韆。小男孩很愛這棵樹，樹木也覺得和孩子一起度過的時光很幸福。隨著時間的流逝，小男孩成為一名少年，開始需要金錢去購買他想要的東西，於是樹木把它的果實給了男孩，讓他拿去換取金錢。當少年長大成人後，樹木又將樹枝提供給他建造房子。步入中年的男人想打造一艘船，樹木也將枝幹給了他。經過漫長的歲月後，小男孩變成了一位步履蹣跚的老人，只剩下樹樁的樹木仍然替他準備了一個可以舒服休息的座位。故事在此劃下了句點，雖然小男孩和樹木的關係看起來很不公平，不過這本書最常出現的一句話卻是：「樹木很快樂。」

我經常讀這本書，是因為我可以從樹木身上學到如何駕馭共感蹺蹺板的方法。樹木對孩子的欲望產生共感，因此盡力找出自己能力所及的事。相反地，孩子只關注自己的欲望，所以不斷地向樹木索取自己想要的東西，並且未曾給予樹木關心和感謝。從旁觀的立場來看，樹木乘坐的蹺蹺板完全傾向小男孩那一方，但樹木為何從不訴說自己的不幸和傷心，反而說自己很快樂呢？如果想要探究答案，就必須對共感有更深入的了解。

共感也需要標準

共感，是指將對方的想法或感情當成自身的那般去承受。看到在寒風中瑟瑟發抖的露宿者，你會想要脫掉外套蓋在他身上；聽著素昧平生的人講述他的故事，你會跟著他一起開心和悲傷。共感超越了年齡、地位、性別以及人種，讓所有人被一條無形的情感紐帶連結在一起。如果沒有共感，這個世界就會變成弱肉強食的冷酷地獄。

但是，想對他人產生共感並不如想像中的那麼簡單。稍有不慎，很可能會被看作是一個不切實際的人，例如自顧不暇卻還妄想照顧他人的行為。不久前來找我諮商的民載，就面臨了這種狀況。

五十多歲的民載是一家之主，甫一退休就開始在準備自己的新事業。為了挑戰全然陌生的工作，他每天都忙得不可開交，但隨著籌備時間延長，先前積存的退休金也快見底了。此時他的老朋友突然開口向他借錢，說快要走投無路了，自身難保的民載便把剩餘的退休金全數借出，為此甚至用自己的名義去貸款生活費。發生這樣的事情已經不是一、兩次，民載的家人對他不負責任的態度感到十分厭倦。因為花太多心思在別人身上，民載總是無法專心做好自己的事情，他說他知道自己的問題，但就是怎麼也改不掉。

出乎意料的是，像民載這樣未設定適當標準或順序就隨意出手助人的人，竟然還不少。當然，如果當事人能夠承擔這種行為造成的後果，那麼即便沒有特別的標準也不至於構成問題。可是像民載這樣超出個人能力的行為，並不表示他對別人有著全心全意的共感，只能說是一種不成熟的共感罷了。

共感的順序

成熟的共感可以打開緊閉的心門，讓彼此更加信賴對方；協調不良的不成熟共感，則會引發各種問題。像民載這樣過度照顧對方，使自己陷入困境，甚至引起身心疾病，只是讓身邊的人擔心而已。更糟的是，一旦共感變成了同情，反而會給對方帶來侮辱感，自己也會因為不切實際的共感而遭受冷落。為了調節這種不成熟的共感，必須遵守下列四個共感法則。

第一，不要因為幫助他人而讓自己變得不幸。所有的共感都必須從自我共感開始，在幫助他人之前應該先感受自己的不幸和痛苦，不能隨意放棄自己。如果因為共感他人而讓自身陷入困境，並使共同生活的家人連帶受苦的話，那麼這種共感最終會成為讓所愛之人痛苦的「共感暴力」。在共感中最重要的是「自利利他」的心，這是指自得其利，同時也能有利他人。這裡的「利益」並不是指讓自己獲得實際利益，而是關愛自身的意思，也就是能體察到自身的痛苦與不安，並且關懷自己。如果這個順序改變了，共感就會成為痛苦的來源。

第二，共感不能變成過度的同情。對於他人的不幸感同身受時，我們很自然地會去同情他人的處境，可是務必記住，不能對「他人」本身產生過度的同情。對於事業失敗的同事心生憐憫，卻對他說出「你的人生好可憐」這種話，他不僅無法得到慰藉，還會感到羞恥。經歷過這種侮辱的他，即便往後的人生再度回到正軌，對於同情過自己的人，他很可能會選擇逃避或是斷絕聯絡，甚至會萌生敵意。失敗、貧窮、離別等不幸都只是一段艱辛的過程，就算曾經遭遇過這些，也不會讓一個人原來的本性跟著變得可憐和不幸。同情他人的心不可逾越界線，共感才具有治癒的力量。

第三，如果你想從對方身上獲取什麼作為共感的代價，那麼你就必須明確地說出來。例如希望對方也以相同的方式對待你，或者是當自己疲憊時希望對方站在自己這一邊，你都要將自己的期望如實告訴對方。雖然大家都認為共感他人不應該要求回報，但也不能因為對此事有所求而予以蔑視。有人不求回報，也有人認為付出就該得到報酬，兩者都是理所當然的事情。如果你是後者，最好能事先告知對方，如此一來接受好意的一方才能提前做好心理準備。

第四，如果不想與對方起爭執，想以建立長久關係為目標的話，那麼比起開心的事，首要之務是必須對他討厭的事情產生共感。快樂、有趣的事就算暫時推遲也不會出現什麼大問題，但討厭的事一旦開始累積，就會成為心病和痛苦；好玩的事若反覆去做也會變得麻木，而討厭的事卻不會輕易改變。因此，對他人討厭的事產生共感的話，可以避免與對方起衝突，有助於維持長久的關係。萬一對方討厭的事正好是自己喜歡的事，那麼你應該把對方討厭的事放在第一位，採取讓步的姿態。

乍看之下，貌似對小男孩盲目奉獻的愛心樹，其實比任何人都遵守上述四種法則。它的所作所為都是真心希望小男孩能夠得到幸福，而且也沒有對周遭的人造成任何傷害。它不會去同情疲憊不堪的孩子，每次見面時也不忘說出希望對方和自己一起盪鞦韆的願望。即便小男孩長大成人後不想再像以前一樣玩耍，它也能夠真心地去理解對方。

雖然在他人眼裡，蹺蹺板已經完全傾向一方，但對樹木而言，蹺蹺板從未傾斜過。它比任何人都更懂得如何駕馭共感蹺蹺板，所以他才會感到快樂。

無私奉獻的愛心樹是生長在我們心中的溫暖樹木，如果心裡沒有一棵這樣的樹，那麼就會成為一片荒涼乾涸的沙漠。但是，若這樣的樹木太多，也會成為盤根錯節的葛藤，成為引發關係矛盾的元凶。如果現在這一刻，你正因為失去平衡的共感蹺蹺板而深陷痛苦之中，我希望你能試著運用智慧和溫暖的心來解決眼前的難題。為了產生成熟的共感，但願你能好好照顧心中那棵無私奉獻的樹木。

該如何安慰他人？

想要幫助疲憊的她

「老師你又知道什麼？你曾經像我一樣如此痛苦嗎？你什麼都不知道，憑什麼這麼說？」

彩妍哽咽著說道。剛進公司不久的她表示，自己很難適應職場生活，甚至想把工作辭掉。雖然公司裡的氣氛還不錯，但有幾名同事好像無視於她的存在，她也不確定自己能否勝任這份工作。於是我建議她在適應之前，就算很辛苦也要盡力忍耐一下。我安慰她說，畢竟進公司還不到一個月，不應急於斷定周圍同事的態度和自己的工作能力。我對她的痛苦感同身受，想要助她一臂之力，但彩妍並沒有接受我的安慰。也許在她聽來這些話太老套，只是沒有靈魂的虛情假意而已。

是啊，這也是有可能的，我又不是她，怎麼能夠完全感受到她的痛苦呢？由此可見，共感是一件非常困難的事情。「你一定很辛苦吧，打起精神加把勁，我相信你可以的。」即使真心替對方擔心，對方卻可能覺得你只是在隔岸觀火罷了。

傾聽的共感是有限度的

一個人可以給他人的共感是有極限的。特別是像彩妍一樣因為現實問題而苦惱的時候，口頭上的共感只會帶來反效果。對方需要的是立即見效的解決方案，此時你若臉上露出同情並告訴她要加油，這只會讓對方的神經變得更敏感。那麼該怎麼做才好？如果無法給予實際上的幫助，難道從一開始就要與疲憊不堪的對方保持距離，乾脆不去關心她嗎？還是冷漠地跟對方確認實際狀況就算了呢？其實，這麼做也未必不好，但如果你想安慰對方的心靈，那麼無論採取何種方法，都必須伴隨情緒上的共感才能真正帶給對方慰藉。不是光拍著對方的肩膀告訴她沒關係就好，而是要用行動向她展示該怎麼做，藉此引發對方的共感。也就是說，不只是你對她能夠感同身受，也要讓她對你產生共感才行。

不只是傾聽和勸導的慰藉

電影《希望鳥》是一部溫暖人心的名作，從這部作品中我們可以得知何謂共感。主角珊布魯和丈夫一起孕育了三個孩子，是一名打造了美好家庭的平凡主婦，但是有一天，平靜的生活迎來了出乎預料的意外。珊布魯在泰國的家族旅行中，站到屋頂欣賞風景時，因為欄杆腐朽而不慎墜落，導致她的下半身癱瘓。由於無法再像從前一樣生活，她開始懷疑自己活在世上還有什麼意義，因而終日沉浸在深深的憂鬱裡。

珊布魯的丈夫卡麥隆和母親簡，都試圖以各自的方式來幫助絕望的她。卡麥隆對待她的方式與意外發生前並無二致，努力帶給她克服痛苦的希望。而簡十分同情女兒的遭遇，對於她必須在下半身癱瘓的狀況下度過餘生感到可憐。珊布魯則是接受現實，並依據實際需求接受周遭人士的幫助，想要安穩地生活下去。那麼在丈夫和母親之間，珊布魯究竟從誰身上得到了安慰呢？答案不是卡麥隆，也不是簡，最後打動她的是兒子諾亞帶回家的一隻受傷小喜鵲。珊布魯對這隻翅膀受傷而無法飛行的喜鵲幼鳥產生了深深的認同感，並且一起度過了許多日常時光。在珊布魯的照顧下，喜鵲的傷口逐漸恢復，最後牠可以像其他喜鵲一樣在天空自由翱翔。看著重新飛翔的喜鵲，珊布魯重新燃起對生活的希望。

喜鵲讓珊布魯的人生重新振作起來，但這隻鳥卻從不過問她今天心情如何，有沒有哪裡不舒服等等，就算聽到她的抱怨也不會說出「原來如此，你一定很辛苦吧！」這樣的回應，取而代之的是讓她看到自己克服傷痛的姿態，以此作為榜樣。治癒不是來自傾聽和勸導，而是從看著喜鵲努力康復的過程中得到了希望的共感。喜鵲，成了治癒珊布魯的第一把鑰匙。

當共感得到力量

對一個需要突破現實的人來說，最真誠的共感就是像喜鵲一樣親自戰勝痛苦。此刻的她深陷在不幸之中，充滿了各種擔憂，但置身事外的你卻說她一定可以再次找回幸福，這樣的安慰話語並沒有撼動人心的力量。

當時我應該先把自己的故事告訴彩妍，與其面露同情神色說著「世上萬事都有解決之道」，還不如讓對方知道我跟她一樣有過艱辛的時刻，然後平靜地講述自己是如何度過那場危機、過程中犯了什麼錯誤、有過什麼樣的後悔等等。如此一來，彩妍是不是就能因為聽取了我的故事，而打開傷痕累累的心扉呢？

就像看著飛向天空的喜鵲而獲得希望的珊布魯一樣，當你的模樣能夠成為某個人的希望時，共感就會得到力量。為了達到這個目標，首先我們必須好好地過自己的生活才行，我們要克服危機、戰勝痛苦，並且永不放棄希望。聽起來很困難，其實也沒那麼複雜，你身心俱疲卻咬著牙去上班、飽受同事折磨依然堅守崗位，這些模樣就足以成為共感的榜樣。當我們戰勝傷痛，讓傷痕散發出美麗的光芒時，共感就能成為一種治癒。

想在考試中拿下高分，

只要將唯一的正確答案找出來即可。

如果你認為關係的問題也只有一個正解，

那麼你必定會在這場考試中名落孫山。

理解嫉妒就能加深彼此的關係

可以嫉妒嗎？

「我結婚的事，你們也沒放在心上啊！」

恩珠在久違的朋友聚會上談起自己去年的婚禮，雖然她面帶笑容淡然地說著，但那句話卻包含著深深的遺憾；她也是刻意說給坐在對面的貞媛聽的。恩珠在大學社團裡認識的朋友中，貞媛是跟她關係特別親密的摯友。然而去年恩珠傳出結婚的消息時，比起高興和祝福的心情，貞媛在第一時間反而產生了強烈的嫉妒感。

嫉妒，是從非常瑣碎的事情開始累積起來的。恩珠在貞媛引介的聚會上遇到了現在的丈夫，婚後他們去了貞媛夢寐以求的北歐度蜜月。最近他們夫婦倆又一起前往貞媛非常想去的紐西蘭特卡波湖，據說那裡擁有全世界最美麗的星空。雖然她們畢業於同一所學校，之後也在規模相似的公司上班，但是恩珠透過各種理財規畫累積了不少財富，因此舉行了相當華麗的婚禮，更以自己的名義在首爾近郊買了新房子。對於恩珠的一切，貞媛感到十分厭惡，處處看她不順眼。

在這段關係裡，恩珠並沒有做錯什麼，她只是努力過好自己的生活而已。人品方面也沒什麼問題，雖然她賺了不少錢，但她對待貞媛的態度一如往昔，並且希望身為好友的貞媛也能夠一起分享自己的喜悅。但是當恩珠沉浸在幸福之中，貞媛不僅沒能好好談一場戀愛，也沒什麼機會去旅行，更沒有賺到很多錢，這些差異都讓貞媛產生了嫉妒心。眼看恩珠過著與自己截然不同的生活，貞媛覺得她不再是以前的恩珠，好像變成一個陌生人。因此，去年她以工作繁忙為藉口，故意忽視恩珠的婚禮，在她結婚後也盡量避不見面。就這樣，兩人的關係逐漸疏離、越來越遠，貞媛才意識到自己的表現很不成熟。因為嫉妒心，讓曾經真心對待自己的恩珠受到了傷害；她深刻體認到，對朋友的幸福感到嫉妒的行為十分幼稚，她對這樣的自己感到難過。

「雖然很虛偽，但是祝福恩珠，祈求她得到幸福才是更好的做法嗎？為了讓彼此的友誼維持下去，非這麼做不可嗎？」貞媛陷入了深深的苦惱中，她不知道該怎麼做才是對自己最好的辦法。

替他人感到開心是一件困難的事

我們經常聽到「能夠一起分享快樂的朋友才是真正的朋友」，其實這句話只說對了一半。如果那個朋友跟我有金錢上的利益關係，例如當朋友投資獲利時，自己也能得到實際好處的話，那麼我當然會替他感到開心。雖然自己也許會在別人面前說他壞話，或者吹噓朋友的成功是多虧自己，但一想到即將進入口袋的金錢，仍然會真心地感到快樂。

但如果只是單純的交情，情況就不一樣了。因為人的天性中都帶著想與他人比較的本能，而且越是親近的人，就越容易產生較勁的心理，一舉一動都可以拿來做比較，並且在心中暗自評價。當對方買新衣時，自己也想要買一件；當對方買新車時，自己也想買一輛，如此一來才會感到心理平衡。因此，越是單純的友誼關係，當對方發生好事的時候，就越不容易替他感到開心。其實，能把他人的喜悅視為自身的事，並不是身為朋友就理所當然能做到的事，這是一種克服比較心理後出現的不可思議行為。

所以你不必因為無法一同分享朋友的喜悅而對自己感到失望，這不代表你無法成為一名好的朋友，也不是一種小氣或幼稚的行為。相反地，你應該將比較的本能視為一種正常運作的自然反應，因為有比較心理，才能激發我們產生想要超越對方的欲望，進而讓自己成長。

當我們產生嫉妒心時，不要為了隱藏這種情緒而對朋友避不見面，或是讓朋友感到傷心，只要把自己的感受如實地傳達給對方即可。不過要注意的是，在說話時請盡量表現出自己的真心誠意。

將自己的感受坦率地表達出來，如果對方能接受並予以理解，你們就可以成為連嫉妒都能分享、擁有深度層次的好友。當然，對方也可能無法理解你的心情，即使很遺憾，但從現在開始你可以和那位朋友保持更遠的距離。對嫉妒的共感是走向成熟關係的一道重要關卡，如果不能通過這關，那麼就只能像貞媛一樣帶著痛苦的心情在朋友周圍徘徊不去。而且朋友也會開始對你保持警戒，不會把你當成真正的朋友，所以你應該遠離對方。為了不再傷害朋友，也為了尚未準備好接受嫉妒心的他著想，雙方保持適當的距離才是上策。

能一同分享喜悅的朋友固然是一種友誼，但如果連嫉妒心都能產生共感，那麼這種朋友才是真正站在自己這一邊的朋友。

把嫉妒變成另一種能量

嫉妒心也會成為一種問題，就像童話故事《白雪公主》中的皇后對白雪公主懷恨在心，最後演變成一種極端的心態，認為「唯有除掉你，我才會成為最美麗的女人」。極端的嫉妒心總有一天會轉化為暴力，做出折磨對方的施虐行為。

撇除這種極端情況，其實嫉妒反而會成為促使自己成長的熱情。英語中代表嫉妒的「jealous」與代表熱情的「zealous」具有相同的詞源。照慣例來看，如果詞源相同，那就表示「嫉妒」和「熱情」並非意義完全不同的詞彙，而是以不同方式表達某種相似情感的狀態。

越是熱愛自己生命的人，就越會對跑在自己前面的強大對手感到嫉妒，那是因為我們努力生活的緣故。所以倘若今天你對某個人感到嫉妒，你該做的事就是好好地撫慰內心，不要讓它成為傷害彼此的痛苦深淵，而是要讓它成為引領這段關係邁向更成熟的墊腳石。

一味地付出卻換來自己受傷，

並不是因為對方不理解自己，

而是因為自己把重心全放在理解對方的感受，

卻忽視了自身的欲望。

先對自己產生共感吧！

「我會平安回來的。」

二十一歲那年的秋天，我在前往論山的新兵訓練所之前，與父母簡單道別後，就獨自離開了家。我的好朋友答應會陪我一起去，算是為我送行。我在約定時間前半小時到了首爾車站，買好兩張車票後，等著朋友的到來。但是到了約定時間，朋友仍然沒有出現，於是我打電話給他，結果電話那頭傳來了他似乎才剛起床的聲音。

「哎喲，怎麼辦？我剛睡醒，現在馬上過去，你等我一下！」

「不用了，我現在該去搭火車了。沒關係啦，沒什麼大不了的，我自己去就行了，你別擔心，等我休假回來再見面吧！」

對電話那頭感到愧疚的朋友安慰了幾句後，我就搭上火車了。在入伍的列車上可以看到好幾個跟我一樣要前往論山服役的人，他們都在家人或朋友的陪同下出發，散發出溫暖而感情深厚的氣氛。火車抵達論山前，我只是默默地望著窗外的景色，當時秋收後的田野風景十分美麗。

到了論山後，一陣飢餓感襲來，我走進第一間映入眼簾的餐廳，準備吃當天的第一頓飯。餐廳裡到處都是剛剃完頭髮不久、看起來二十來歲的年輕小伙子。我選了一個最角落的位子坐下，一邊勉強地吃著看起來不怎麼樣的食物，一邊慢慢地環顧四周人們的臉龐。從他們泛紅的臉上，可以看出對陌生環境的不安和恐懼。看著他們惶恐的樣子，我心想：「嘖，這麼軟弱的話，以後能做什麼大事呢？」雖然我只有一個人，但對於能夠堅強面對這一切的自己感到很欣慰。

當我一邊想著這些一邊吃飯的時候，坐在對面的一家人吃完飯正準備離開，其中一位大嬸朝我的桌子走來，把一罐熱呼呼的罐裝咖啡放在我桌上，輕輕拍了我的肩膀後才離開餐廳。由於事情發生得過於突然，讓我連拒絕的機會都沒有。

「她在做什麼？為什麼要給我這個？又為什麼要拍我的肩膀？真是個奇怪的人。」

在心裡嘀咕了幾句後我又繼續吃飯，然而在那一瞬間，眼淚卻不知不覺滴到了米飯上。我嚇了一跳，擦拭一下後才發現，我的眼眶裡早已噙滿了淚水。「我是怎麼了？」即使想要忍住，淚水卻止不住地往下流，最後哭到哽咽失聲，連飯也吃不下去。

當時的眼淚至今還在我心中留有鮮明的印記。過去即使父母沒來參加我的運動會或畢業典禮，或獨自在外地生活了好幾個月，我都覺得無所謂，所以我一直認為自己是一個堅強獨立的人，對於在孤獨下磨練、成長的自己感到很自豪。況且我不認為入伍是一件多麼了不起的事，但當時為何會那樣呢？為什麼我會在吃飯的時候流下了悲傷的眼淚？

原來我並不知道自己的感受

在血氣方剛的二十來歲，我努力試著用理性去看待這個世界。我認為比起任性而為，用頭腦判斷後再行動才是正確的做法。小時候，為了保護自己，我必須學會控制自己的情緒，不能被外物影響心情。因為經驗讓我知道，在沒人能夠保護自己的狀況下，過度流露的情感反而會成為對方輕視我的弱點。經歷過這些後，長大成人的我反而不知道該如何接受和表達自己的情感。不管是笑、是哭或生氣的時候，我總會先考慮自己能否將這些情緒如實呈現。

由於一直過著這樣的生活，所以即使在入伍這樣混亂的狀況下，我也一如往昔地壓抑自己的情感，無法去感受和鼓勵自己。但是人的情感是比理性更直率的東西，就算理智上再怎麼安慰自己說沒關係，情感還是會突破冰冷的理性，明確地將內心的真實狀態告訴自己。

對一名二十一歲的年輕人來說，入伍當然是一件可怕的事情。心中懷抱著這種恐懼，獨自處在一群有家人和朋友陪同的入伍者之中，這無疑是一件非常孤單的事情。因此在那一瞬間，我會感到害怕、孤獨和傷心也是理所當然的。但是當時的我認為那是錯誤的，我堅信自己的感受並不重要，反而去責備感到悲傷的自己，並且嘲笑那些因為情感動搖而感到不安的入伍者，當時我的內心一定很疲憊吧。現在回想起來，也許那天爆發的眼淚是一種情感的宣洩，向冷靜的理智發出無言的抗議。

如果這世上有一種即使贏了也不會開心的爭吵，那就是發生在內心的理性與感性之爭。這兩者必須成為讓對方感到滿足的夥伴才行，也就是我們必須擁有冷靜的理智，也要有溫暖的情感，如此才能對自然湧現的感情做出合理解釋。否則，理性就會成為壓迫情感的敵人，而情感也會成為妨礙理性做出合理判斷的元凶。

如果我早點學會好好觀察自己的情感，懂得對悲傷和孤獨產生共感的話，我應該會向更多人發出求救訊號，請他們陪同我去陌生的地方。也許我也能主動向父母如實表達自己的感情，向他們撒嬌，請求他們的安慰。如果能這麼做，那麼當時那段令人哀傷的過往，會不會變成更加溫暖的回憶呢？

要懂得包容和原諒自己

往後我遇到的許多人之中，有些人就像當時的我一樣，將自己的情感封印起來過日子。他們在遇到人生難關的時候，總會笑著說「沒事、沒什麼大不了的」。這麼做其實無濟於事，因為我們不需要強顏歡笑，也不必裝作若無其事的樣子。相反地，唯有當我們能大聲說出自己有多麼難受和痛苦，才不會讓自己再次受到傷害。

如果可以回到從前與過去的自己見面，我建議各位一定要學會如何對自己的情感產生共感，這是很重要的事。人終究要面對人生最真實的一面，所以我也想告訴大家，想哭的時候就哭，想笑的時候就笑，害怕的時候可以說害怕；有時活得像個孩子，有時活得像個藝術家，當我們能夠用豐富的方式表達內心時，才能夠變得幸福。還有，請原諒那個幼稚笨拙的自己，當時在無可奈何的情況下所做出的行為，雖然未臻完美，但請給那個已經全力以赴的自己一個擁抱吧！

「那並不是你的錯，絕對不是你的錯……」

接受對方原有的模樣

共感和指責只有一線之差

「老師，我不知道該對我的朋友說什麼才好。如果我說了關於從事模特兒工作的壞話，她就會發脾氣，然後不再跟我說話。」

世雅因為擔心朋友敏智的事而夜不成寐。敏智不久前開始從事業餘模特兒的工作，不過並非一般常見的時裝模特兒，而是「裸體模特兒」，並且還是突破常規演出的形式。

「她把拍好的照片傳給我看，天啊！她竟然脫光了衣服，全身塗滿了藍色油漆。她本來是一個非常內向的人……老師，該怎麼辦？」

世雅無法理解朋友的行為，不明白她為何會在陌生的攝影師面前裸露身體並做出大膽的姿勢。另一方面，她也擔憂在拍照過程中是否會發生不愉快的事，或者那些照片會不會被有心人士外流。因此，世雅每次見到敏智時，都會說些她不愛聽的話。

「不行！你別再拍了！你到底想怎樣？不如去找找看別的興趣，如果你想多動身體，那麼瑜伽或皮拉提斯如何呢？不然也可以參加登山社或自行車社團呀！」

雖然世雅是因為擔心敏智才會說這些話，但世雅的反對卻讓敏智感到不舒服。據說不久前，敏智還對世雅說了這樣的話：「其實我也不知道自己為什麼要拍這種照片，但我很確定的一點是，就算沒有其他人贊同，我也想得到你的認同，而不是受到你的指責。」

對於敏智堅決的態度，世雅再也無話可說。

每個人都有自己的生活方式

「世雅，既然你不反對她去運動或參加聚會，那為何要反對她從事模特兒的工作呢？」

「哎喲，那不是一般的模特兒，是光著身體拍照的那種，我怎麼能不反對呢？別說其他人會用什麼眼光看待她了，萬一以後出問題怎麼辦？我們現在三十幾歲了，如果是想留下青春回憶，拍幾組照片當作收藏我能理解，但事實並不是這麼一回事啊！」

世雅的態度非常堅決。

我們每個人，都以各自的方式尋找生活的安定。有些人通過足球或籃球感受團隊的凝聚力，並且從中得到安定；有些人則透過釣魚、旅行、音樂和美術等藝術活動找回內心的平靜。由於每個人尋求安定的傾向都不一樣，所以很多時候我們無法理解他人追求安定的方式。早上喜歡睡懶覺的朋友，無法理解清晨去踢足球時汗水淋漓的快感；喜歡喝咖啡聊是非的人，則無法明白熱愛釣魚的人願意花一整天等魚上鉤的快樂。若對方的興趣無傷大雅，我們通常可以在他面前裝作理解的樣子，但是隨著時間的流逝，雙方還是會因為喜好的差異而日益疏遠。更別說如果對方的喜好是自己看不慣的事情，我們就很可能會做出像世雅一樣，毫不猶豫地去指責或挑剔對方的行為。

「世雅，你對那些照片了解多少呢？」

我遞了一杯茶給一臉鬱悶的世雅並問道。

「照片嗎？我也不太清楚。」

世雅搖了搖頭，好像一無所知的樣子。

「我身邊也有一個因為興趣而去當模特兒的朋友。因為她的父母管教嚴格，即使成年後她也必須在晚上十點前回家，但是到了三十歲之後，她突然開始拍攝半裸照片。突如其來的變化讓我感到很詫異，我問她為什麼要拍裸露的照片，她說她很喜歡這種感覺，每當看到攝影師的視線緊盯著自己不放時，她會感到一種微妙的滿足感，所以她才會一直拍下去。」

朋友拍攝的那些照片中，有著我平時從未見過的豐富表情，看起來非常活潑生動。實際上在她把模特兒當作興趣後，原先敏感而陰沉的性格也變得開朗許多。為了管理身材，她還開始努力運動，並且不吝於在打扮方面投入大量金錢。

「也許敏智也有相同的感覺吧？看著攝影師花了好幾個小時，只為了透過自己的身體去傳達想法，她應該也會從中得到『原來我是一個如此有價值的人』的滿足感。無論如何，既然朋友堅持從事這份工作，不就表示她正在透過拍照累積更多經驗嗎？如果她能因此變得更加正面積極，那不是很好嗎？」

世雅露出一臉難以接受的表情，雙手交叉在胸前說：「不管再怎麼好，拍個一、兩次不就夠了嗎？怎麼可以每一週都去拍那種照片呢？」

「可能是因為你朋友每天都想確認自己的存在感吧！在日常生活中，我們的存在感會逐漸變得模糊，如果她發現其他能讓她證實存在感的東西，那可能就會成為她的另一個興趣。」

聽著世雅的故事，我想起了畫家金彌陋（Miru Kim），她同時也是一位以超越常態的表演而聞名於世的國際行為藝術家和攝影師。她曾在紐約以裸體的狀態和兩隻豬一起生活一百零四個小時，也曾在已成為廢墟的費城發電廠、地下墓穴以及巴黎的隧道留下裸露的身影。據說她之所以會拍攝如此超出常規的作品，是因為她從小就有嚴重的潔癖症，看到骯髒、黑暗以及厭惡的事物，她就會產生近乎恐懼的抗拒心理。但在某一天，她突然萌生不想再逃避的念頭，而是想要深入去了解自己的內心，於是從那時起，她開始拍攝那些能讓人直接感受到恐懼的照片。在成為廢墟的空間裡，她透過原始的身體去感受想要超越恐懼的渴望，這也成了她的拍攝哲學。她的所有行為，都展示了超越自身極限的挑戰和勇氣。

只需要在一旁默默守護

人們一旦接觸到自己無法理解的行為舉止，就會本能地先尋找理由。

「到底為什麼會那樣？」、「究竟是為了什麼才會做出那種行為？」在訝異的同時也會想要追究原因。但是，為什麼我會喜歡藍色？又為什麼比起皮革，我更喜歡布料？這些都是很難準確說出原因的事情。因為感官上的選擇並不是邏輯思考下的產物，而是五感得到滿足後的結果，敏智的選擇大概也是這種情況。因此，感性的選擇不應該藉由理解去分析，而是要透過共感來接受。

「雖然很不容易，但請不要試圖分析和理解朋友的行為，而是就眼前看到的一切給予共感就好。你現在需要的是與朋友進行一場稍具深度的談話，不只是單純地說『可以』或『不行』，而是一同分享她在新的興趣中得到的快樂、痛苦、希望與絕望，這樣的對話似乎才是你們目前最需要的。你朋友之所以會拍攝裸體照片，是因為她想體驗另一種生活，想必她也是鼓足了勇氣才做出這樣的挑戰。究竟為何要選擇裸體，很可能她自己也不知道原因，但在她今後的人生中，肯定會出現答案，只是目前尚未找到罷了。所以請不要過度催促她，先陪她一起思考到底她想要改變什麼。而對於她的改變，你只需要給予不帶偏見的溫暖共感與等待。」

最後我還叮囑了世雅。

「當然也可能會發生一些你擔心的事情，不過你的朋友應該已經充分了解這點，所以你可以幫她一起制定對策，形成你們之間的共識。不要去問她會不會害怕，而是要陪著她一起恐懼。當有人陪著自己、替自己擔心的時候，就好像多了一道防止過速的剎車功能，讓自己的行為不至於失控。如此一來，她也會學著用你的眼光檢視自己的行為是否合宜。現在開始也不遲，請放下責備和懷疑，給她溫柔的關心與正面的肯定吧！因為對他人的共感，是從能夠用溫暖的視線看待他人開始的。」

世雅究竟能否對朋友的心情產生共感呢？也或許她們兩人會漸行漸遠，最後變成不再見面的關係。不過這也是一種不錯的離別，當你覺得無法再走入對方心裡的時候，其實就是一種該分道揚鑣的訊號。對他人產生共感，並不意味著一定要與對方保持良好的關係。唯有完全理解對方的時候，才能夠停止爭吵，和平地與對方道別。不再有任何的憎恨和責怪，而是希望彼此在各自的道路上發光發熱。世雅有世雅的路，敏智有敏智的路，各走各的，也是一種互相尊重的成熟共感。

如何接受與自己截然不同的人？

排斥異己

「為什麼不收拾乾淨？」

善熙因為不愛打掃的室友允荷而感到憤恨不平。當初說要一起住的時候就約法三章了，打掃、洗碗和門戶安全都分配好各自負責的項目和時間。其實內容很簡單，洗碗只需要收拾自己吃的食物和餐具即可，而兩人都不會帶朋友回家，也不會特別晚歸，因此也不需要擔心安全問題。唯一的煩惱在於打掃。輪到允荷打掃的日子，家裡並沒有變得比較乾淨，雖然她看起來很認真的樣子，卻依然成效不彰。善熙感到很鬱悶，仔細觀察後，她終於知道問題所在。原來允荷在整理東西時不會排放整齊，而是隨意堆在一處；用吸塵器打掃地板時也沒顧及每個角落，擦地板更只是敷衍了事。從她的態度可以看出沒半點誠意，只是意思意思地收拾而已。一開始善熙會嘮叨幾句，順便教她打掃的方法，不過即使這麼做也只有一時之效，過不了多久又會故態復萌。更糟的是，就算家裡很髒亂，允荷似乎也不會感到任何不便，覺得難受的只有善熙一人。

原先善熙認為允荷對打掃不感興趣是因為個性問題，不擅長打掃則是經驗不足的緣故。但隨著時間流逝，她開始覺得允荷應該改掉懶惰的壞習慣，甚至覺得會做家事的人才是有能力的人，像允荷這樣不諳家事，就是很無能的表現。

無法相融的異質感

「擅長打掃的善熙是正確的，不擅長打掃的允荷是錯的。」如果有人這麼說，想必大家都會大吃一驚並予以反駁。

你可能會說：「這並沒有誰對誰錯，只是不同而已，因為她們彼此擅長的事情不一樣。」說得沒錯，我也是這麼想，但每次聽到這樣的說法，還是會不禁感到疑惑：「錯誤」固然是不對的用法，但替換成「不同」，難道就正確了嗎？大家經常使用「錯誤」一詞來斷定是非，而我也經常看到「不同」一詞被使用在錯誤的場合。特別是被要求去承認雙方的差異時，我們不會用「你是對的，我也是對的」這樣的話來承認彼此的差異，而是認為彼此的差異應該歸類在「等級不同」的範疇。

我們以「不同」當作標準來劃分各式各樣的派別，像是以性別區分男女，或是以人種、學歷、財力方面的不同，當作分類你我的依據。點出彼此的「不同」，不是因為我們認為「兩者不同但都正確」，事實上我們是以「不同」當作判斷彼此價值的標準，並依此做出排名。說得坦白一點，無論你是出於多麼好的意圖去承認彼此的不同，最終還是會覺得雙方是不同世界的人。因此除了承認不同之外，我們還必須認可對方原有的價值，否則最後只會像善熙一樣，認為自己才是正確的一方。

「這並沒有誰對誰錯，只是不同而已。」其中的不同，遲早會變成錯誤。當個性迥異的兩人相遇時，起初總會信誓旦旦地表示，不同之處只要慢慢磨合就可以消弭，但最後通常還是會因為無法適應而各分東西。雙方的相異處，在不知不覺間變成了導致無法繼續交往下去的錯誤。

所以，請不要把這件事想得太簡單。你能夠包容的「不同」，必須是你從一開始就認可的，甚至還會覺得對方的這個不同看起來很有趣，而引起你的好奇。例如沉迷於咖啡的你，看著喝普洱茶的朋友，比起去思考彼此的喜好差異，你反而會更想了解普洱茶這種東西。並不是因為你對普洱茶感到陌生，而是你產生了想要品嚐看看的好奇心。

初次接觸不同事物的時候，你可以觀察一下自己會先產生陌生感還是好奇心，因為這會成為你看待雙方差異的重要標準。如果先出現陌生感，那麼即便時間久了，你通常還是會難以適應。而且越是努力配合，就越會覺得自己耗費心神。但是如果先產生好奇心，那麼這個「不同」，就會成為協助你擴展個人經驗的動力。

對善熙而言，允荷的打掃方式正是一種無法相融的異質性差異。雖然理智上能理解為何她只能做到那種程度，但內心卻完全無法產生共感。

如何讓彼此相融

無論怎麼搖晃，水和油永遠無法融合，但是只要加入界面活性劑這種物質，水和油就可以神奇地融合在一起。這是因為界面活性劑的分子結構同時存在著親水性和親油性，這種結構使得水和油的界線變得模糊，因此它們才能相互融合。那麼在感受到異質性的人際關係中，是否也存在著類似界面活性劑的東西呢？

善熙找到的界面活性劑是「約定」。每個人都有自己重視的事情，就像她認為打掃是一件重要的事，於是她開始觀察允荷在意的東西是什麼，原來允荷最在意的是遵守約定。如果車程是二十分鐘，允荷總會在四十分鐘前就出發，先抵達目的地等候對方的到來。若是對方未能守時，即使只是遲到一下子，她也會一改平時的面貌，變得既焦躁又敏感。善熙則跟她截然相反，她認為能準時抵達固然很好，但如果晚個五到十分鐘也沒關係，所以她並不會因為對方遲到而感到焦慮。允荷雖然不擅長打掃，看起來一副好逸惡勞的樣子，不過善熙覺得允荷在約定方面比自己更加嚴格且確實。

約定的重要性在允荷身上也發揮了強大的作用。每當她與自己做約定，她都會制定時間和目標，並且嚴格執行，這樣的態度讓她考取了遊艇駕照與大客車駕駛執照。允荷之所以會考取這些證照，一方面是為了消除對於未來的不安，另一方面則是享受個人愛好。善熙看到她完成這些目標時感到相當佩服，因為這是她難以想像的動力。而且這種差異並不是異質性的東西，而是能夠打動她內心的一股力量。

人生沒有優劣之分

每當善熙看到亂七八糟的房間而感到心情不好時，就會想到允荷的遊艇駕照與大客車駕駛執照。同時，她也會想到這並不是她們對於打掃的認知不同，而是因為生活方式不一樣的關係。雖然打掃的能力可以分出高低，但人生是無法分出優劣的。這與善熙是否認同允荷的生活方式無關，因為允荷一直以來都是這樣過活，想必將來也會繼續下去。允荷對於約定的認真態度，成了讓她們和平共處的界面活性劑。

如果只考慮特定領域的能力，你很容易會去判斷「我表現得很好，他做得很差」。這種優劣之分，只是標示出「區別」，而不是「差異」。差異，是指各自處於不同的狀態；區別，則是指在不同狀態下造成的不同待遇。如果稍微將視野拓展開來，把更多不同的事物一起放進來思考，那麼特定領域的優劣就會變得沒有太大的意義。對方也許能輕鬆完成你認為困難或做不到的事，如果從這個面向去看，你就能認同他這個人。

唯有把異質性的事物保留在自己的本性中，然後去找到能夠融合彼此差異的元素，才能讓關係變得更加圓滿。為了尋找這樣的界面活性劑，我們必須更加關心對方，觀察他擅長的事，以及他為何擅長、他的人生理念是什麼等等。

用「共同點」產生共感

打從一開始善熙就不該認定允荷只是一個「討厭打掃的人」，因為急於判斷對方和自己的不同，反而會錯失深入理解對方的機會。如果能在確認彼此的差異之前，先努力去找出彼此的共同點，那麼雙方的關係是否會變得更好呢？

我們很容易把「這並沒有誰對誰錯，只是不同而已」掛在嘴邊，但無論是錯誤還是不同，我們內心的接受程度並沒有大大的差異。不管是錯誤也好、不同也好，其實我們都難以接受；即使認可了對方的不同，也不會有什麼太大的改變，只會因為對方的不同而予以差別對待、排斥，或是產生不必要的恐懼而已。如果結局是這樣，那麼一開始判定對方是錯的，可能還比認為對方只是與我不同要來得好一些。因為發現錯誤時，我們會試著去找出正確答案，反而多了可以思考、討論，甚至是集結眾人智慧的機會。但是對方的不同與我無關，就可以因為看不慣而選擇視而不見。

所以我不認同「這並沒有誰對誰錯，只是不同而已」這個觀點，我們不應該輕易地認定對方的不同，而是要用觀察的方式來取代區別你我。為什麼他會對這件事沒有興趣？那麼他究竟喜歡什麼？擅長什麼？仔細觀察並且發出提問，然後一起去找出答案。如此一來，你就會發現你們的共同點，進而從中找出差異，而不是區別彼此。

其實善熙和允荷在勤勞這方面是相同的，只不過善熙擅長的是打掃環境，允荷則是善於遵守和自身的約定。從相同點中找出的差異，會讓人用好奇的心態去看待對方的不同。因此我們應該認可的是共同點，而不是差別之處。要學著同中求異，唯有找到與他人的共同點，並對其中的不同產生共感，我們才可能從心底真正地接納他人。

放下責備和懷疑，

請給他溫柔的關心與正面的肯定。

因為對他人的共感，

是從能夠用溫暖視線看待他人開始的。

狂熱嗜好，是深刻理解一個人的媒介

重度沉迷的興趣

惠媛在大學三年級的時候認識了延禑，剛開始只在一個月兩次的讀書會見到面，但因為兩個人很有話聊，後來也經常私下相約。他們兩個都很喜歡喝茶，一有時間就像在城市中尋寶似地到處探訪隱密的茶館，享受愉快的品茗時光。對惠媛來說，這是她的充電時間，藉此重新恢復在日常生活中消耗殆盡的精力。某一天，延禑邀請她到自己的個人茶室。

「我最近拿到一些好茶，你要不要來我的茶室玩？」

對於延禑的提議，惠媛露出期待的神色，毫不猶豫地回答：

「當然好啊！太令人期待了。」

時值初夏，白天已經可以感受到炎熱的氣息，惠媛懷著興奮的心情來到了延禑的茶室。他獨自住在一間小套房裡，生活空間和茶室都在同一處，一打開他家的門，最先映入眼簾的是緊靠著牆面安置的桌子。桌上放著八個小盤子，每個盤子上都堆滿了泥土。惠媛走近桌子旁，並仔細觀察那些泥土。

「這裡怎麼會有泥土呢？」

「這是我走遍全國各地蒐集而來的泥土，從種植綠茶的河東、寶城、順天以及海南各帶了兩塊泥土作為樣品。」

惠媛聽了延禑的說明後問道：

「為什麼要帶泥土回來呢？」

泥土顯得柔軟且充滿健康的氣息。

「因為我想知道，茶的味道是否會隨著泥土的不同而改變。」

延禑的話音剛落，便用茶匙舀起盤子裡的泥土逐一放入口中品嚐。

「你要不要吃吃看？」

被延禑突如其來的舉動嚇了一大跳，惠媛不自覺地往後退了一步，連忙搖手拒絕。延禑看著惠媛吃驚的模樣覺得很有趣，於是接連把泥土往嘴裡送。當然，他不是真的把泥土吃下肚，只是將泥土放入口中翻動片刻，用舌頭感受泥土的味道、香氣和觸感後，隨即吐出並用水漱口。這種把泥土放入口中品嚐的過程叫做「試土」，延禑慢慢地將每個盤子裡的泥土一一品嚐。試土結束後，他才拿出在這八種泥土裡生長的八種茶葉，兩人一起品茗到深夜。

幾天後，惠媛再度來到延禑的茶室，一進門就看到地板上擺了三十多個約十公升的水桶。這次也被嚇得不輕的惠媛，向延禑問起這些水的用處。延禑說這是他到全國以水質好而聞名的地方帶回來的水，從太白山望鏡寺的龍井泉水，到大芚山石泉庵的石澗水都包含在內，距離最近的是北漢山靈鷲寺的山泉水。惠媛感到訝異的同時，也不禁心生疑惑，延禑到底是如何提著這麼沉重的水桶將這些水運回來呢？不只如此，接著他開始一一用相同的茶具和茶葉泡茶，並根據水的味道來分析茶的滋味。雖然不知道他是何時開始沉迷於茶道，惠媛真心覺得延禑很了不起。

只不過，隨著對延禑的了解越來越深，惠媛也從驚訝轉變為擔憂。因為延禑實在是花了太多金錢與時間在茶道上，有時還會購入超出能力範圍的昂貴茶葉，也會為了品茗而一口氣購買數個高價茶碗。週末他會獨自去尋找隱藏在全國各地的茶館，感受茶道旅行的愜意。如果他在經濟上有餘裕，這麼做並沒有任何問題，但實際情況似乎不是如此。惠媛曾經試探性地問他，將來是否打算開一間茶館或從事茶業批發的工作，他每每語氣堅定地否認，並說茶道只是自己的興趣。他認為若是把茶葉當成工作，他就無法單純地享受茶道的快樂，他純粹只想當個熱愛茶道的人而已。

一旦察覺狂熱就必須做出選擇

惠媛看著延禑的行徑時，總會想起「狂熱」（Mania）一詞。這個詞源自於帶有瘋狂之意的「Mad」；簡而言之，惠媛認為延禑已經為了茶而瘋狂。隨著認識的時間越長，惠媛就越能從延禑身上感受到他對茶的狂熱。惠媛一方面覺得如果他繼續以這種方式鑽研茶道，也許有一天他能成為一名茶道專家；但是另一方面，又擔心他會因為生計難以維持而澆熄熱情。如果延禑是她的家人，她可能會對這種將家人置之不顧、只沉迷於茶道的人感到唾棄。

米歇爾・傅柯（Michel Foucault）在《古典時代瘋狂史》提到，「狂熱」曾被人類認為是一種美學般的神祕存在，直到十七世紀以後才被定義為超出理性與合理範圍的「非正常」行為。在當今時代，「狂熱」則被歸為一種大腦功能異常的疾病，在精神醫學領域被歸為強迫、執著、偏執以及妄想等範疇中。在人際關係裡，我們從對方身上感受到的狂熱，也與這樣的歷史潮流相互呼應。一開始發現他人的狂熱時，我們會對於與自己截然不同的面貌感到驚奇，但隨著時間的流逝，如果因為無法理解對方而發生爭吵，我們就會把對方視為一名失去理性的非正常人。若是產生嚴重的衝突，甚至還會認為對方是需要接受治療的精神病患者。

從這種發展趨勢來看，目前的惠媛還在第一階段，也就是看到延禍對茶的狂熱，以及正在開創屬於自己的茶道而感到驚奇的階段。但隨著時間的推移，當兩人關係變得更親近之後，也許會發生意想不到的爭吵和誤會，屆時可能就會把對方當作非正常人或精神病患者來看待。如果只是普通朋友，通常不會有這樣的發展，正因為是交情深厚的關係，才會帶來很多矛盾。惠媛對延禍產生特殊情感後，曾經一度十分苦惱，她不知道自己究竟該保持原有關係就好，還是再往前跨出一步？如果想繼續發展下去，又該如何拿捏距離？或是乾脆斷絕這段關係算了？惠媛還想著，如果延禍的狂熱發展到令她感到痛苦的精神病時，那麼她就會離開他；但如果這股狂熱能夠造就他成為獨樹一幟的茶道專家，那麼她會選擇心懷期待地留在他身邊。面對眾多選擇的惠媛思考許久，最後她決定留在延禍身邊。

他真正想要的是什麼？

狂熱，是理解對方欲望的最好依據。狂熱可以讓人察覺到對方真正的渴望，以及什麼事物最能讓他感到愉悅，並且當這些渴望無法被填滿時，顯露出他這個人最匱乏的本質是什麼。同時，你也會知道他在人生中追逐著什麼樣的原始需求。

依照延禍的狀況來看，他渴望的是了解更多茶的知識，他的快樂來源是茶的味道、香氣和感覺；他的匱乏則來自未能體驗更多的茶而感到的遺憾，所以才會透過茶來體驗人生，藉此喚醒沉睡的強烈欲望。準備要看一部有趣的電影時，他先想到的是看電影要搭配什麼茶；即使發生悲傷的事情，他也會先想到要用什麼茶來撫慰這個痛苦。對於這樣的延禍，如果去催促他制定人生計畫，或者強迫他把花在茶上面的錢拿來投資股票或房地產，那只會讓你們的關係惡化。如果不想產生爭執，最好的方法是跟他一起討論關於茶的事，或者談談哪些事情可以幫助他的人生得到成長。

他有什麼樣的欲望？

欲望，大致上可以區分為「成長欲望」和「匱乏欲望」。成長欲望的表現，就好比想成為某個領域的匠人一樣，是一種不斷想要超越自我極限的欲望；匱乏欲望則是指對金錢或權力等的欲望，是一種怎麼填也填不滿的欲望。我們要先知道對方的欲望屬於哪一種，才會知道要如何跟對方談話，以及進一步了解對方生活中的優先順序。另外，也可藉此判斷自己是否能夠承受這段關係，或是應該走上不同的道路。

如果你的匱乏欲望是追逐金錢、名譽或安穩的生活，而對方是已走過那個階段、此時以超越自己為夢想的人，那麼你們就會經歷很多現實上的矛盾。但如果你現在也是一個擁有成長欲望的人，那麼一同攜手前行就是個不錯的選擇。

在惠媛選擇延禑的同時，延禑也應該要苦惱是否與惠媛在一起。為了決定他與惠媛的關係，他也必須先了解她有什麼樣的欲望，以及她心裡是否也存在著和自己一樣的狂熱。唯有這麼做，延禑才能知道惠媛有什麼樣的人生目標。

每個人心裡都有狂熱的種子

單純的欲望和狂熱是不一樣的。欲望在暫時得到滿足後就會改變對象，是一種會不斷去填補匱乏感的本能。例如想買昂貴的衣服或手錶的欲望，在某種程度上得到緩解後，目標就會轉移到其他地方，像是開始對名車或豪宅產生欲望。如果想要滿足這種欲望，就必須購買更稀奇的物品，或是獲得眾人欣羨的權力，目標會不斷地轉換，卻永遠無法得到真正的滿足。但是有一種欲望，只會停留在同一個地方，不會任意改變，例如延禑的情況。他對茶的欲望不會轉移到金錢或名譽上，而是停留在對茶本身的相關知識上。這種欲望隨著時間的流逝會逐漸占據心靈，這就是所謂的「狂熱」。

再怎麼溫和的人，內心都埋有狂熱的種子，只是因為還沒遇到合適的狀況或特別的契機，才沒有表現出來而已。就像尚未拔除安全銷的炸彈，或是還沒扣扳機的手槍一樣，其實每個人的心中都帶著潛藏的狂熱。

狂熱的表現可以從很小的事情開始。像是見不得一點髒東西或是要戴上手套才敢抓門把的情況，就可能會成為強迫性的潔癖症，久而久之就演變成對清潔的狂熱。無法輕易扔掉東西的習慣，也可能會變成拚命囤積物品的狂熱行為。也許你曾對這樣的人說過「你這個瘋子又來了」的玩笑話，但這會在他症狀加重後成為對他未來的預言。

對狂熱產生共感的方法

後來，延禑在惠媛身上發現了尚未發芽的狂熱種子，那就是她對了解生命本質有著根源性的欲望。惠媛對「存在」本身抱持著疑惑，每天都在思考「人活著的意義是什麼？為什麼我會害怕死亡？」她的生活完全繞著這個問題打轉，不管是讀書或與人見面都在尋找答案。如果惠媛的欲望能夠成為支配所有生活的狂熱，那麼她似乎就能活出色彩鮮明的人生。由於延禑預見了這樣的畫面，所以他也接受了惠媛，帶著夢想與她一起走向未來。

如今他們已經結為夫婦，過著屬於他們的人生。延禍對茶道的狂熱隨著時間流逝逐漸淡去，但是他泡的茶卻因為惠媛拋出的存在問題而變得更加清香馥郁。

不管是什麼樣的關係，只要開始拉近距離，就一定會在對方身上發現狂熱的種子。在保持適當距離時看不到的執著與強迫，一旦和對方變得熟悉以後，就會慢慢地顯露出來。如果已經看到了蛛絲馬跡，你就應該好好思考當那顆種子演變為狂熱時，你能否好好應對。

如果從對方身上發現了迫切與人建立關係的欲望，那麼你就應該想像一下，當他的欲望越來越強烈時，為了拓展人脈，他可能會出現強迫性執著的狂熱模樣。如果你有信心承受這個過程，那麼就可以選擇繼續跟他在一起；若是沒有信心，最好與他選擇不同的道路。狂熱的能量就像永不熄滅的太陽光芒，雖然能夠拯救生命，卻也可能炙烤大地，讓人喘不過氣。

理解對方狂熱的內心，就可以對他渴望的生活產生共鳴，然後也會讓人再次尋找自己心裡正在安靜成長的狂熱種子。別說「你為什麼要過這種生活」，而是要改說「原來我也擁有像你一樣的心情」。感同身受，才能傾聽到對方內心深處的故事。

警惕破壞關係的本能

幸災樂禍

迴避情緒過活固然是個問題，但被情緒左右，也是個不容忽視的狀況。如果不帶有任何想法，只是隨心所欲地表達情緒，久而久之就不會想去追究自己感受到的情緒有何意義。即便是難以理解的情緒突然湧上心頭也不以為意，若是這樣就要小心了！因為不尋常的情緒總有一天會成為實際上的話語和行動，進而引發意想不到的問題。去年冬天發生了一件事，成為我回顧自己本能情緒的契機。

砰！在一個下著鵝毛大雪的冬日裡，跟我並肩走在路上的好友滑了一跤。「哎呀！你有沒有受傷？」我立刻扶起摔倒的朋友，並檢查他手臂的狀況，所幸他沒有受傷。但看到他突然摔倒而驚慌失措的臉龐，我不由自主地發出了笑聲。因為想起他在跌倒的前一刻，為了避免摔跤而同時揮舞手腳的滑稽模樣。對於自己看到別人跌倒卻大笑，我也感到很困惑，但我的笑聲並沒有因此而停止。事後當他認真跟我談正事時，我偶爾還會因為想起他當時的表情而忍不住露出笑意。

仔細想想，這真是一件奇怪的事。看到別人的失誤和痛苦，竟然還能笑得這麼開心。不過也沒什麼好大驚小怪的，因為看到他人失誤而發笑是人類本能的慣性之一。我們在收看綜藝節目時，也經常會因為搞笑藝人故意做出摔倒或荒唐行為而捧腹大笑。更因為眾人都笑得很開心，所以不曾懷疑這樣的舉動有何不妥。這種看到他人犯錯而大笑的現象，在心理學上被稱為「幸災樂禍」（Schadenfreude），它是由代表傷害之意的德文「Schaden」，以及表示喜悅的「Freude」組合而成的單字。

小心因為自卑感帶來的笑意

每個人身上都有看到他人的失誤而感到快樂的本能。之所以會產生這種本能，是因為人們在日常生活中，很容易因為膽怯和畏縮的情緒而出現自我貶低或虐待的心理，「幸災樂禍」的本能可以對這種心理產生防衛作用。我們總是不自覺地安撫著逐漸累積在內心的自卑感，一邊說著「你看！原來比我優秀的人也會做出那種傻事啊！」一邊露出安心的微笑。所以，如果是能讓彼此打趣取樂的微小失誤，那麼這種無傷大雅的「幸災樂禍」，反而能讓我們的內心變得更加明朗。

但是當自己的內心過度畏縮或是被自卑感折磨時，「幸災樂禍」就會越過人與人之間的界線，給對方帶來傷害。因為一旦自卑感加深，試圖消除自卑感的「幸災樂禍」就會出現異常強烈的作用。像是在不該笑的情況下出現笑容，必定會給對方帶來嚴重的羞恥感和侮辱感，原有的美好關係也會因此遭到破壞。因此，我們必須仔細觀察「幸災樂禍」是否符合當下的情況，特別是在以下三種情況時，我們更要注意自己是否流露出不合時宜的笑容。

需要注意的三種情況

第一，不是因為他人的失誤而笑，而是看著他的失敗而笑。在雪地上滑倒是一種失誤，但考試落榜或事業破產是失敗。如果不是因為他人的偶然失誤，而是看到別人在努力後慘遭失敗而露出笑容的話，那麼你就應該判斷自己的這個本能反應已經越界了。因為漫長的努力過程具有崇高的價值，我們不應該用輕蔑的笑容去貶低它。

第二，在比賽或公開招標等重大競爭中戰勝他人時，請觀察自己是否陶醉於勝利的喜悅中，如同在網路遊戲中獲勝一樣的欣喜若狂。生活並不是遊戲，在遊戲裡輸掉可以重新開始，但在現實中卻很難得到重來的機會，在競爭中失敗可能會導致一些悲慘的後果。此時，若在失敗的人面前像贏了遊戲一樣雀躍歡呼，或許就意味著你被勝利的欲望矇蔽了雙眼，視野狹窄到只看到自己。狹隘的眼界會讓你無法環顧四周的危險，總有一天會害自己摔得鼻青臉腫。當自己成為勝利者時，請記得保持關懷失敗者的胸懷，即使面帶笑容也請帶著深刻且鄭重的心情。

第三，請回顧一下自己，是否經常評價他人的小失誤，並且過分地嘲笑對方。輕蔑或無視對方，會讓你無法做出正確的判斷。如果只因幾次失誤就斷定對方沒能力，你很可能會因為不夠了解對方而造成令人遺憾的誤判。總是輕率地從表面判斷他人，從未深入了解他人的才華，那麼在你建立的朋友圈裡，究竟能有幾個交情深厚的人呢？

面對他人的失敗，不要隨意貶低對方，也不要輕易陶醉在勝利中，或是透過失誤來判斷他人。在展露笑容的同時也時時刻刻自省，這樣對於與他人建立友好關係會有很大的幫助。此外，如果他人看到我們的失誤而露出笑容，比起認為他是一個無禮的人，我們應該更加寬容以待，因為或許那只是未經修飾的「幸災樂禍」。為了維持愉快的關係，我們可以更透徹且從容地去看待對方隱藏在不經意笑容的背後，那些真正的意義。

Chapter 2

勇氣

是否展現出完整的自己？

無所不在的無禮，並不能成為關押自己的監獄。

我們唯一能做的就是鼓起勇氣，

不要被籠罩在無禮行為帶來的不快中，更別因此垂頭喪氣。

越是鼓起勇氣，關係就越自由

展現自己是一件很困難的事

「如果我也能像那樣毫無顧忌地提出自己的主張，那該有多帥氣啊！」

每次看到即使受到委屈也不退縮、正氣凜然起身反抗的人，我都會產生這樣的想法。因為只要一遇到冤枉的事情，我就會變得呼吸急促，而且全身僵硬。雖然我也會據理力爭，但就是無法條理分明地暢所欲言。不過就連這樣的我，這輩子也曾有過一次奇蹟般的瞬間，出現了我夢寐以求的精彩場面。

高中時期的歷史老師以性格剛直和嚴厲著稱，如果下一堂是他的課，我們就必須在上課前五分鐘進入教室，並且開始閱讀當天要學習的內容，不然就會受到他的斥責。某一天的自習課，歷史老師打開教室的門走了進來。由於這一節不是歷史課，同學們正在各自複習想要加強的科目，看到這個景象的老師勃然大怒，對著全班大聲斥喝：

「全都給我跪在桌子上！」

在老師的怒吼聲之下，眾人不敢有頂嘴的念頭，立刻爬到桌子上跪好。老師在當時那個年代具有絕對的權威，學生們根本無法抵抗。但那天不知道怎麼了，平時連上臺報告都害羞到不敢抬頭的我，竟然心一橫就對著盛怒的老師大聲說：

「今天上午拿到的課表上，寫著這一節是自習課，而不是歷史課。所以我們正在自習。」

「是嗎？那現在馬上去確認。班長！你到教務處確認一下課表。」

班長慌慌張張地往教務處的方向跑去，過了一會兒，他帶著一臉沉重的表情回到教室。

「報告，這一節是歷史課沒錯。」

突然間，教室裡的空氣瀰漫著一股涼意。看起來是每週都會變更的補充課表印錯了。重新確認過課表的老師，大聲地把我叫到前面去。「這次肯定要挨揍了……」我懷著害怕的心情低著頭往前走，腳步十分沉重。但是當我站到老師面前時，並沒有出現嚴厲的教鞭，取而代之的是老師溫暖的聲音，他伸出了手輕輕拍了拍我的肩膀並且說道：

「你做得很好，不對的事情就應該說出來。勇於訴說就是一種勇氣，守護正義就是一種良心。」

之後老師還把我帶到他擔任導師的女生班，在女同學面前大力稱讚我是一個不錯的傢伙，讓我得到了女生們的一片歡呼。當時的狀況讓站在講桌旁的我羞紅了臉，秋日的氣息乘著微風從敞開的窗戶吹進教室裡，白色的窗簾跟著輕輕飄動，那一刻成了我學生時期裡最美麗的記憶。

不過很遺憾地，那天以後我就再也沒有遇過這樣帥氣的情況了。當然，現在如果遇到不合理的事，我仍舊會鼓起勇氣，努力地表達自己的意見，只是再也沒遇到像當時的歷史老師那樣，能夠冷靜傾聽他人意見，並勇於承認自己過於心急且具有包容力的人。更多的情況是位居高位或自恃甚高的人，一旦受到他人的指責，就越常用「你有資格指責我嗎？」這樣的話語來反駁，好讓自己擺脫不利的情況。更甚者還不忘將錯誤推給對方，或者陷對方於困境之中。

傾聽他人聲音的勇氣

唯有當人們可以完全接納揭竿而起的那份勇氣，不合理的情況才能獲得良好的解決。如果遇到不承認自身錯誤還反過來指責對方、認為對方的態度或表現不合己意的人，那麼解決問題就會變成遙遙無期的一件事。此時誰對誰錯已不是最重要的問題，而是誰存活下來，誰就可能成為人們認知的真相和正義。

因此，為了解決不合理的情況，人人都應該勇於表達自己的意見。只不過我們往往無法輕易提起勇氣，因為判斷是非很容易，但要付諸行動卻很困難。如果自己的一句話可能會威脅到生計、對生活造成很大的風險，那就更難輕易表露出自身的情緒了。一旦碰到需要考慮自身利益的情況，保護自己的本能就會讓內心變得怯懦，也會讓行動變得畏首畏尾。

即便如此，我們也要繼續鼓勵自己拿出勇氣、為正義發聲，因為我們不能讓恐懼的心理成為妨礙自己與他人深交的障礙。另一方面，願意承認自身錯誤並勇於道歉的人，他那份難能可貴的勇氣，對我們來說也是珍貴的禮物。

我們還要培養「包容的勇氣」。如果我們認為表達自己的意見很重要，那同樣地也要努力去傾聽他人的聲音。當誤會出現的時候，想要解決它，首先就要敞開心扉，拿出理解對方的勇氣。若是不想讓別人因為自己的錯誤蒙受委屈，那就必須讓對方也能充分地表達自己的意見，別讓他好不容易才鼓起的勇氣又被陰霾所覆蓋。

假如此刻的你因為力量不足而無法守護自己，這是無可奈何的事。但對於自己是否要去守護比自己更弱小的人，並讓他能鼓起勇氣發聲，這卻是取決於你的判斷。我們都有機會成為他人的貴人，而我不想錯過這個珍貴的瞬間。在人的一生中，當離開這世界的那一刻到來之際，也許在茫茫人海裡，還會有一個人記得我曾經存在過。

拒絕，是為了不傷害彼此

「你明天能來我家，幫我打包搬家的行李嗎？」

週六夜晚，朋友突然打了一通電話給我。緩了一口氣後，我盡可能帶著歉意的語氣，拒絕了朋友的請求。

「不好意思，怎麼辦，我明天有事，可能沒辦法過去幫你。如果你早一點跟我說，或許我還能改時間，太可惜了。」

其實我並沒有急事要處理，但我認為休息也是很重要的事，所以也不算謊話。假如他能提早個三天跟我聯絡，我會很樂意幫他，但我不想為了這種突如其來的電話而犧牲自己寶貴的假日。

我們每天都會遇到幾次必須拒絕對方請求的情況。例如受邀去參加不想去的聚會、工作夥伴的提案，甚至是參與投資項目等，在你來我往的人際關係中，總是會遇到很多與自身計畫無關的各種提案和請求。如果不做出一些適當的篩選而全數接受的話，那麼可以充實自我與放鬆休息的寶貴時間就會遭到無情地剝奪。有時這種無可奈何的請求，不僅會奪走瑣碎的充電時間，甚者還會影響我們的整體生活。

雖然現今已不復存在，但以前有一種叫做「連帶保證」的制度。這個制度是指人們因為信任借款的家人、親戚或朋友，而簽下保證履行債務的契約，成了連帶保證人。萬一當事者無法償債，保證人就必須代為償還巨額欠款，導致許多保證人不僅落得妻離子散的下場，甚至是走上了絕路。因為信任他人而被人情牽著鼻子走，本是出於善意，結果卻成為無法挽回的不幸，也讓自己的人生毀於一旦。

有鑑於此，許多心理勵志書籍都特別強調「學會拒絕」是一件很重要的事，不僅是為了守護自己，也為了將來不要埋怨對方。不過即使明白拒絕的重要性，拒絕他人仍然是一件相當困難的事。

善於拒絕的方法

心理學家蘇珊．紐曼（Susan Newman）在《不得罪人的回話術》一書中，將無法拒絕他人的類型分為以下三種。

第一種是為了迎合對方而壓抑自己的情緒，試圖成為善良之人的類型。第二種是不敢提出自身主張，以同意對方意見來迴避紛爭的類型。第三種則是害怕拒絕對方而遭受冷落，想要擺脫這種不安感的類型。

綜合上述三種類型來看，無法明確拒絕他人的人，其實內心都藏著深深的恐懼，擔心自己可能因為拒絕而遭受難以承受的不利。紐曼深知這種恐懼的感覺，所以她在書中特意強調，果敢地拒絕他人，並不會遭受比想像中更大的損失，也不會因此被疏遠，所以不需要感到不安，反而要學習如何拒絕他人。她說得沒錯，如果你是無法輕易拒絕的人，我認為你應該聽從這樣的建議。特別是熟悉的親朋好友，即使你不努力成為善良的人、不迴避紛爭或是暫時被疏遠，只要隨著時間的流逝，自然而然就會恢復原來的關係。

但是，撇除個人關係，放到社會關係來看，拒絕就不像紐曼所說的那麼容易了。如果你在職場上可以不看他人眼色直接拒絕，那麼你肯定不是在階級明確的垂直組織裡，而是在地位較為平等的水平組織工作。又或者是很幸運能夠與心胸寬廣的人們一起工作，唯有如此，才可能無後顧之憂地拒絕他人。

無法拒絕他人也沒關係

在社會關係上的拒絕，可能會破壞個人形象，在他人眼中變成一個不善交際、沒有親和力，並只知顧著自己飯碗的人。請試想一下，一個研究生被教授交代了非分內的工作，或是自己非常不想做的事，他能夠輕易地拒絕嗎？更不用說是握有人事管理權的職場上司了，幾乎沒有職員敢以「非個人業務」為由拒絕上司的指示。一句「我不要」很可能就會保不住自己的飯碗，而讓家人跟著一起挨餓，也可能會對個人形成負面評價，因此拒絕變成是一件知易行難的事。這也是為什麼身居高位的教授或老闆，能夠把拒絕視為家常便飯，但身為學生或員工的我們，卻絕對沒辦法輕鬆開口說「不」的原因。

在社會關係中，拒絕與否一般不是由對方拜託的事情而定，而是由對方的權力高低來決定。就像擁有者才能給予一樣，掌握權力的人才得以開口拒絕，而且必須凡事不用依賴對方，才可能得到拒絕的自由。每次和上班族朋友聊天，總會聽到有人因為拒絕上司交辦的小事而鬧得不愉快，甚至因此失去工作上的重要機會。對上司而言，如果有什麼升遷加薪的機會，比起平時總是拒絕自己請求的員工，首先在他腦海浮現的一定是經常替自己跑腿、就算是吃力不討好的差事也不辭勞怨的職員。

那麼該怎麼辦呢？如果你是沒什麼權勢背景的普通人，該怎麼拒絕他人呢？很遺憾地，現實生活中並沒有富有戲劇性且讓人眼前一亮的方法，至少在這本書裡，我不想告訴大家「就算必須承受巨大的風險，也要隨心所欲地拒絕他人」。相反地，在這種情況之下，我認為能做的就是盡量保住自身的品格，不自責並懂得珍惜自己。我們因為有非守護不可的東西，才不得不忍耐痛苦，卑躬屈膝地接受對方的要求。因此即便無法輕易拒絕，也不能將自己視為心理軟弱的人；更不要認為自己不善於表達意見，或是動輒懷疑自己罹患什麼心病。我們不需要畏首畏尾，反倒要認為這是因為自己比任何人都具有強烈的責任感。為此必須好好安慰自己，因為我們並不是無法拒絕，而是不願意拒絕。唯有這樣，才能更周全地守護自己，不讓自己受到更多的傷害。

讓自己更加閃耀的拒絕

如果雙方只考慮自己的利益行事，那麼彼此之間應該就是世上最冷淡和殘酷的關係了。儘管我們沒有義務為了對方犧牲自己，但至少也不要做出自私自利的行為。

人們經常混淆「利己主義」和「個人主義」。我們可以用「對他人的關懷」來做區分：充分考慮對方的立場後，做出對自己也有利的行動就是

「個人主義」；只考慮到自己，以個人為中心而採取行動則是「利己主義」。在與人建立關係時，個人主義者看起來很特立獨行，而利己主義者的模樣卻令人心生厭惡。拒絕也是一樣的道理，讓對方感到痛苦的拒絕大多是自私的。完全沒考慮到對方，只顧及自身安危和利益的行為，就是破壞關係的最大元凶。

世上存在著「唯利是圖」的拒絕，卻也有一種讓人閃閃發光的拒絕。例如你撿到了一個裝有巨款的信封袋，在聽聞這筆錢的主人處境艱難後便拒絕接受酬金，這種拒絕就是能設身處地為對方著想，又叫做「辭讓」。辭讓，是一種不會給任何人帶來傷害的拒絕，我們可以在東方經典著作《孟子》中找到由來。

中國古代的哲學家孟子認為人性本善，善良的本性會激發不忍傷害他人的心，衍生為所謂的「四端」。這四端包括：見人遇難時而心生憐憫的「惻隱之心」；辨別是非曲直的「是非之心」；做了壞事而感到羞愧的

「羞惡之心」；懂得關懷對方的「辭讓之心」。辭讓，正是來自四端中懂得關懷對方的「辭讓之心」。為了照顧對方，即使自己承受著不便也在所不惜。不會因為小小的損失，就彷彿蒙受巨大損失那樣坐立難安，而是能夠藉由一點損失來滿足善良的本性，獲得內心最深層的喜悅。不僅如此，辭讓還可以調節過度氾濫的欲望，讓內心從追求實際利益的執著中得到解放，並且讓你獲得周遭人們的讚許。最重要的是，你可以從做好事之中得到滿足感，讓心靈變得更健康。

就算是微不足道的小事也沒關係，當我們可以做到辭讓而不是拒絕的時候，我們才能擺脫自私的欲望，在人際關係中享受從容。

善於請求也很重要

如果想維持健康的人際關係，善於請求的重要性並不亞於善於拒絕。雖然每次的情況不盡相同，但之所以會開口拒絕，一定是因為對方說了自己不願接受的請求。倘若對方的請求是你能幫上忙的事，你也不會選擇拒絕對方。

舉例來說，在購物中心購物或在餐廳點餐時，不能因為眼前的東西不合心意，就說著：「我不喜歡這個，請幫我換成別的。」隨心所欲且毫無原則地拜託別人，或是不考慮他人的情況就冒然請求對方，都是不適當的行為。像是請別人去便利商店的路上順便幫忙買雙絲襪，或者沒事前商量就叫朋友在假日大老遠過來打包行李，這些都是典型的錯誤例子。

請求他人的時候，最重要的是考慮對方的立場，要能夠將心比心。如果只關心自己的心情或情況，自然而然就無法把心思放在對方身上，顯得對別人漠不關心。有時一個人會提出無理的請求，並不是因為冷酷無情，只是他沒有多餘的工夫留意他人的情況罷了。

從社會心理學家約翰・達利（John Darley）和丹尼爾・巴森（Dan Batson）所做的實驗中，可以清楚看到焦急的心情會對人類產生什麼樣的影響。為了進行這個實驗，研究團隊動員了普林斯頓神學院的學生，請他們移動到某棟特定建築物去上「好撒馬利亞人法」＊的課程，並預定在課程結束後請指導教授給予評價。在前往教室上課前，研究人員先將學生分為兩組，各自給予不同的指示。其中一組得到的訊息是距離上課還有一段時間；另一組則被告知課堂已開始。接著，在他們會路過的途中安排了一名因為嚴重咳嗽而昏倒的演員。

結果如何呢？得知還有充足時間的學生，大部分都會停下腳步去幫助暈倒的演員。但被告知上課已開始的學生，則有百分之九十以上未能出手相助，只是趕著去上課。沒想到這些正要去上「好撒馬利亞人法」課程的神學院學生，竟然忽視了眼前需要他們幫助的人。不過，我們也不能因此斷然下結論，用這個結果來判定他們是否善良，很可能只是因為一方在心理上從容有餘，而另一方沒有時間環顧四周而已。正如這個研究結果所示，心靈上的從容會對我們的行為產生莫大的影響。

＊讓自願救助傷者與病人的人得以免除責任的法律，目的是讓見義勇為者做好事時沒有後顧之憂，進而鼓勵旁觀者對傷病人士施以幫助。名稱來自《聖經》中耶穌舉出「好撒馬利亞人」的比喻。

如果你向對方提出無理的請求，或是自私地拒絕他人，也不該視為道德上的瑕疵，這只代表你現在過得太辛苦而自顧不暇。就像為了躲避獅子而四處逃竄的鹿一樣，如果整天都在為了生存而奔波，想必就不會有閒情逸致去了解他人的心思。所以，就算只有一下子也好，希望你能好好放鬆心情，在做任何判斷之前，最好先等焦躁的心情平靜下來。可以在附近散散步，也可以閉上眼睛慢慢數息，這些都是很好的方法。

拒絕和請求，有時會成為一種感動

我聽過最讓人感到開心的請求，是來自一名孩子。有一次當我準備過馬路時，一名穿著黃色幼兒園制服的小朋友拜託我牽著他的手。他因為害怕獨自過馬路而向大人提出這個要求，我則因為能夠幫助這個年幼且脆弱的孩子而感到愉悅，甚至讓我覺得自己是一個可靠的人。

偶爾不為了自己，而是為了他人而提出的請求，確實能令人感動，因為那是一種叮囑和願望。例如要注意健康的叮嚀、希望對方打起精神好好生活，或是請對方務必過得幸福等等，這樣的請求可以溫暖受託者的心，進而從中獲得療癒。

「不答應也可以」的這種溫暖請求，能讓對方安心地以「拒絕」來表達他的另一種請求。如果你的請求不會傷害到對方，那麼對方的拒絕自然也不會造成你的傷害。

請求和拒絕是一把雙刃劍。一旦稍有不慎，就可能成為破壞關係的無禮之劍；反之，它也可能成為維持良好關係的感動之劍，這一切就看你怎麼去使用。當你已經善於使用這把劍，不會造成他人的傷害時，你就可以更深入地了解他人的內心，並且進一步擁有更具深度的共鳴關係。

鍛鍊足以對抗無禮行為的心靈

遭遇到突如其來的侮辱

被人們針對外貌和學歷提出充滿偏見的嘲諷，是我們在生活中經常遇到的無禮行為之一。因為將電影《死侍》做了妙語如珠的韓文翻譯而廣為人知的黃錫熙（황석희，音譯），也曾在前往某大學進行演講前經歷過這種事。黃錫熙為了與粉絲交流，在社群平臺開設了論壇，結果有個人跑來留言說：「三流大學畢業的人，翻得還不錯嘛！」黃錫熙畢業於江原大學英語教育系，他看完這則留言後並未直接刪除，而是鄭重地給予回應。

「我看了您的個人簡介，得知您出身名門大學。不過把學校招牌當作個人名片的時代即將面臨尾聲，正好我最近受邀到您畢業的學校演講，屆時請您務必大駕光臨，並請您現場再次提出這個問題，我會在認真思考後給您回覆。」

如果他破口大罵或採取相同的冷嘲熱諷，結果可能會導致謾罵不斷的惡性循環。不過由於他慎重且有條理的回答，對方也就沒再繼續留言，讓這件事很快地告一段落。我想，當黃錫熙看到這種無禮的留言時，肯定也會感到生氣或心情不佳。但他並沒有如實表露自己的心情，而是像翻譯英文臺詞一樣處理自己的情緒，並且做出理性的應對，這一點值得我們向他學習。

遇到始料未及的侮辱時，任誰都想像他一樣冷靜以對，但在現實中真的能做到嗎？我想多數人受到侮辱時，都會變得面紅耳赤、啞口無言或氣到全身顫抖，最後陷入情緒漩渦難以自拔！即使努力想要避免這種情況，但對方突如其來的無禮行為，總會成為破壞我們平常心的致命一擊。

客觀化效果的局限性

在社群網站或 YouTube 上經常可以看到應對無禮狀況的建議，其中最頻繁出現的兩個建議如下。

第一，如果對方說了無禮的話，那麼你就再重複一遍。舉例來說，若有人對你說：「一個大男人連這種小事也做不到嗎？」你就可以回：「一個大男人連這種小事也做不到？這種事還有分男人和女人嗎？」

第二，若因為對方而受傷，請直接表達出來。假如對方用開玩笑的語氣對你說：「你的臉長得很搞笑。」那麼你可以一臉正色地回他：「雖然我知道你是在開玩笑，但你這麼說會讓我覺得很受傷。」

無論是重複對方的話，還是讓對方明白這種行為會傷害他人，兩者都有一個共同點，就是將對方的無禮舉止客觀化，也就是讓對方意識到自己的錯誤。這種方式是利用「自我客觀化」的效果。

舉例來說，如果在竊盜氾濫的地方安裝鏡子，那麼當小偷看到鏡子裡行竊的自己時，就會改用客觀的視線重新檢視自己，進而意識到自身的錯誤行為。據說在經常發生偷竊事件的大型文具店或書店裡安裝鏡子，真的可以有效降低竊盜率。同樣的道理也能應用在人際關係上，如果將客觀化效果用在無禮人士身上，也會產生類似的效果。

不過，如果想在人際關係中發揮客觀化效果，首先必須符合下列兩項前提。第一，對方必須是善良的人，而不是卑劣且暴力的人。第二，對方不握有能夠直接影響你的權力。因為當暴力和權力站在「客觀化」的舞臺上時，反而會因為想讓他人服從自己而表現出更強烈的失控傾向。若是上述兩項前提無法成立，那麼想期待的客觀化效果，很可能只是一種不切實際的幻想而已。

經常表現出無禮行為的人，不會想受到指責，也不是為了聽取建議才去侮辱對方。就像明知抽菸對健康有害仍然樂於當癮君子一樣，他們也知道自己在道理上站不住腳，卻依然會故意挑釁對方，並將這一切視為一種樂趣。此時你若採取攻擊性的發言，直接指出對方的錯誤，反而會刺激對方，演變成最壞的局面。前面提及的翻譯家之所以能夠冷靜應對，是因為他與對方既不會在同一個空間相遇，彼此也不是上對下的等級關係，所以才做得到。

指責無禮的代價

在中型企業上班的俊書，他的組長在公司就是一個大家公認的傲慢無禮人士。平時總是出言無狀，如果職員提出不合他意的看法，他就會在會議中直接打斷對方，並當面駁斥下屬，甚至口不擇言地進行人身攻擊。不久前也發生類似的事，在晨會時間，他語帶嘲諷地對前一晚熬夜準備企畫案的俊書說：

「還真是愛作秀，你覺得這種方案行得通嗎？想做的話就等你以後自己開公司的時候再做吧！真的是一無是處的傢伙。」

他不是針對問題提出具有邏輯的指責，也沒有提出合理的應對方案，俊書許多被他無視的意見，很多做法後來都在其他企業的採用下獲得了巨大的成功。經常受到組長無禮對待而受傷的俊書再也無法忍受，私下找他坦率地說出自己的感受。俊書認為只要拿出真心誠意，鄭重地與對方溝通，彼此的心意應該就能相通。

「組長，我知道自己有很多不足之處，但你對待我的態度似乎太隨便了。上次的會議也是這樣，你不但無視我的提案，還在大家面前說我平時不讀書，所以才會提出這種無知的提案，我真的覺得很難過。」

說完這席話的俊書非常緊張，組長卻出乎意料地以平靜語氣說道：

「是這樣嗎？我的個性就是這樣，想到什麼就說什麼，可是我沒有惡意，以後我會謹慎一點。」

組長承認了自己的錯誤，而且再也沒有對俊書出言不遜了。俊書原以為已經解決了他與組長之間的問題，但沒想到從那天起，狀況變得更棘手，讓他更加手足無措。雖然組長不再對俊書說出帶有侮辱性的話語，卻也不再交辦工作給他，更沒有多餘的對話。開會時連看都不看他一眼，就算俊書發表意見，他也只是說「知道了」，不給予任何評價，也沒有後續指示，組長從此就把俊書當成隱形人來看待。某一天，合作的廠商送了音樂會門票給他們當禮物，組長把票分送給其他人，唯獨漏掉俊書一人。組長帶著厭惡的表情對俊書說：

「哎呀，剛好少一張票，雖然有點可惜，不過俊書就別去了吧！」

俊書每天都要面對把自己當隱形人的組長，以及冷眼旁觀的同事們。不久後，他開始因為壓力出現圓形禿，並飽受慢性胃炎的折磨，最後不得不選擇離開這家公司。

讓心變得柔軟的方法

每當想起該如何應對無禮之舉時，我就會想起拳擊選手麥克・泰森（Mike Tyson）的名言。

「在被迎面痛擊之前，每個人都有他的作戰策略。」

正如泰森所言，人際關係也不會按照計畫進行。無論自己如何保持平常心、努力學著凡事冷靜面對，突發狀況還是會像森林裡的野豬一樣，總在你意想不到的時候出現，讓你心緒混亂。

因此，與其制定如何應對對方的計畫，不如先培養出面對任何挑釁都不會輕易崩潰的堅強心理。俊書為了守護自己已經鼓起勇氣全力以赴，但令人遺憾的是，在組長不加掩飾的排擠下，最終他還是沒能堅持下去。

培養堅強的心理，就是要訓練自己能夠無視對方的侮辱性言語。為了做到這一點，我們要讓心靈變得更有彈性，該聽的話就洗耳恭聽，不該聽的話就讓它左耳進右耳出。

要懷疑自己的心

想讓心變得柔軟，最好的方法就是，一方面對自己的心抱持懷疑的態度，一方面對他人的心產生疑問。懷疑，是指因為不信任而心中存疑；疑問，則是想進一步了解的好奇心。懷疑的目的在於追究真相，將不信任的部分查個水落石出；疑問則是將學習後仍然不懂的部分弄清楚。

「懷疑自己的心」，是對自己感受到的不愉快，進行自我檢查。卡爾．古斯塔夫．榮格（Carl Gustav Jung）在他的著作《分析心理學文選》（*Contribution To Analytical Psychology*，暫譯）中寫道：

「每一名羅馬人都處在奴隸包圍的生活中。奴隸與奴隸心理泛濫於古代的義大利，每一名羅馬人內心深處也都成了奴隸。由於羅馬人一直生活在奴隸的氛圍中，不知不覺間也染上了奴隸的心理。」

就像處在奴隸包圍中、不知不覺染上奴隸心理的羅馬人一樣，如果你被那些令人感到疲憊和痛苦的人包圍，你可能也會無聲無息地轉換成他們的語言與看待事情的角度。如果染上了那樣的顏色，可能會被嚴重的妄想折磨，即使對方並未出現特別無禮的態度，你也會懷疑對方瞧不起自己、對自己的態度相當隨便。因此，我們需要先審視自己，確認自己是否因為想太多而將一般情況做了過度的負面解讀。自我審查的懷疑，可以爭取更多時間，讓自己能更加客觀且慎重地思考，並能用多樣化的視角重新看待自己的內心。

必須對他人抱持疑問

對他人抱持疑問，是指帶著好奇心去思考，為何那個人會成為如此無禮的人？背後是否隱藏著自己不知道的故事？

就心理學的論點來看，當人在侮辱對方時，通常會將自己對某個特定部分的自卑感作為侮辱的目標。例如用外貌貶低對方的人，大多數對自身的外貌自慚形穢；用學歷來侮辱對方的人，則通常對自身學歷感到不滿。

無法消除的自卑感會一輩子追逐著自己，影響自己與他人的關係。折磨俊書的組長應該也是這樣，或許他小時候受過父母的殘酷虐待或無視，而把自己遭遇到的侮辱和傷痛投射到比自己弱小的人身上。

這樣的人對你來說是加害者，不過對其他人來說，或許他曾是一個無力反抗的受害者。如果抱持這種心態，看待對方的視線就會變得更溫暖。不只是去斷定對方的無禮行為是否合理，而是用更多樣化的觀點來解釋他的行為，並且讓自己在深思熟慮後，再決定要採用什麼樣的態度來應對。

透過這樣的懷疑和疑問，一方面試著去理解自己的心，一方面則努力地與對方產生共感，這種態度就是一種韌性。這種韌性，就是讓心靈能承受外來攻擊的最佳防禦力。

如果想讓心變得柔軟似水

在《曠野的聲音》這本記錄澳洲原住民的書中，我們看到了原住民是如何不違背大自然原則堅守自身的文化。他們從不穿鞋，每天在自然環境裡赤腳步行數十公里，吃的都是未經加工的天然食物。文明人看到這種景象，認為他們的樣子野蠻無禮，但原住民們卻毫不在意，反而還稱呼文明人為「變種人」。因為在原住民的眼裡，文明人的模樣就像是違逆自然法則的變形人種。

對生活感到滿足的人，也會覺得無禮人士就像是變種人。只要把對方當作變種人來看待，內心就會變得寬宏大量和柔軟。柔軟的心靈是指變得像水一樣的液體狀態，如果內心變成液體，那麼心裡僵硬的負面情緒，也會變得像流動的水一樣柔軟溫和了。

想將心靈變成液體，就像煉金術士需要咒語一樣，我們必須擁有能引起心靈變化的專屬關鍵詞。我自己經常使用的關鍵詞是「徒勞無功」，因為徒勞無功語意裡的「無常感」，會讓憤怒變得毫無意義。「無常」的意思，是指世界上沒有永遠不變的東西，所有的存在都會發生變化，不管是此刻自己的內心或對方的模樣，都會在不久的將來發生變化且灰飛煙滅。

有一次，當我對侮辱我的人感到盛怒之際，忽然望向他背後一望無盡的藍天，那一刻我突然覺得我們的爭吵其實毫無意義。他此刻對我的侮辱並不會改變什麼，而我為何要因為他的言語讓內心動搖呢？原先專注在對方話語和表情的心神，一旦拉開一段距離後，像被巨石壓住的抑鬱心情，也變得像漂浮在平靜無波的湖水上，漸漸地穩定下來。平靜的心情讓我變得堅定，不管對方說了什麼，我都相信自己仍然是個秉性純良的人。

自此之後，如果又發生遭受侮辱而氣憤不已的事，我就會回想徒勞無功的無常感，就會讓我的心情變得像平靜的湖水一樣。每個人讓心靈變得柔軟如水的關鍵詞都不一樣，對某些人來說可能是所羅門王獻給父親大衛王的「這一切都將過去」；對另一些人而言，則可能是意味著所有事都是上天注定的「天意」。唯有當我們找到專屬的關鍵詞，並藉此轉換自己的心情，我們才能在脣槍舌劍的交鋒中擁有堅毅不撓的忍耐心。

如果非得和無禮人士長期相處

假如不只是短暫見面，而是不得不與無禮人士長期相處，那麼光憑懷疑、疑問和讓心柔軟似水等方式，效果可能有限。特別是當對方不僅無禮，甚至已經轉變成暴力行為時，我們就必須採取更積極的行動。

此時請先了解，如果遇上的對象憑一己之力無法戰勝，在這樣的情況下要是忍不住憤憤不平而冒然撲向對方，你很可能會面臨悲慘的結果。因此，有時即使再委屈，也務必再三忍耐。並不是害怕對方生氣才忍耐，而是因為我們需要對很多事情負起責任，才不得不選擇忍受對方的無禮之舉，好讓自己得以存活下去。

這樣的選擇必然會讓人感到沮喪，尤其是他人的無視和侮辱反覆出現時，自信心會消失無蹤，連帶覺得自尊心受到踐踏。所以，即使不知不覺間習慣了對方的無禮舉動，也不能認為對方的行徑是合理的。

「我太沒用了」、「是我自己罪有應得」，千萬不能讓這些想法填滿你的內心。不管對方怎麼說，我們都不能因此而動搖內心，不能失去對自身的信念。除此之外，還要制定「臥薪嘗膽」的策略。

臥薪嘗膽的智慧

「臥薪嘗膽」這個成語，字面上的意思是躺在粗糙的柴堆上，舔嘗著苦澀的膽。典故來自中國春秋時期，吳、越兩國之間的爭霸史事。

春秋末期，越王句踐派兵攻打吳國，殺死了吳王和太子，並將吳國夷為平地。吳王的次子夫差為了替父親報仇而勵精圖治，等時機到來後便一舉擊敗句踐，並將越國變成從屬國，句踐則到吳國成了奴隸。幾年後被遣返回國的句踐，發誓復仇滅掉吳國，為了記取過去的恥辱，他將一隻苦膽掛在屋裡不時舔嚐。最後，他找準時機發動軍隊，消滅吳國並成功雪恥。

假如要報仇的夫差與句踐都無法克制憤怒，一氣之下就衝向敵營，試圖砍掉對方的項上人頭，那麼他們只會被視為刺客而遭到捕捉，絕對無法完成自己的復仇大計。然而他們兩人都沒有急於求成，而是制定了戰略並謀求人才，在忍辱負重多年後，終於在最佳時機給了對方致命一擊。

遇到難以對付的對手時，我們也應該學習臥薪嘗膽的精神，花時間好好思考該如何因應，並且制定完整的策略。在面對無禮人士的時候，我們都必須讓自己成為一名戰略家。

現實世界中的臥薪嘗膽

不久前，我從熟識的朋友那裡聽到一則現代版的臥薪嘗膽故事。人脈廣且業績亮眼的圭賢，有天受到好友邀約，希望圭賢可以跳槽到他的公司去。那是一間剛起步的新創企業，所以一開始並不怎麼吸引圭賢，但在朋友的懇切拜託下，他終於答應。他之所以會同意，一部分的原因是他對參與創業也有抱負與自信。不過，新工作並沒有他想得那麼順利，業績也不如想像得好，經營十分不容易。隨著時間流逝，好友也開始三不五時地催促圭賢去爭取更多業績。

由於圭賢一直未能取得業績，朋友的干涉和侮辱程度也越來越嚴重。不但對圭賢的穿衣風格吹毛求疵，甚至對他的外貌做出人身攻擊，更經常下達無理的指示，亂發脾氣或口出穢言。開會時，他會刻意營造高壓氣氛；用聊天軟體下達業務指示時，口氣總是非常粗魯且無禮。此外，圭賢還發現朋友明目張膽地將他人的業績轉到自己名下，連自己的婚外情也拿來當作酒桌上的閒聊話題。

每次遇到這樣的情況，圭賢都不會將自己的情緒表現在臉上，而是把經歷過的事情一一記錄下來。他在非公開的社群平臺上用文字將朋友的事情寫下來，並且將通話內容錄音、訊息畫面截圖做保存。同時，他也去醫院做心理治療，將上班時從公司聽到的惡言惡語做成了諮詢記錄。他就這樣有條不紊地蒐集有關朋友的一切資訊，並下定決心離開這家公司。等一切準備就緒後，他將先前蒐集的所有資料送到公司、勞動部以及朋友的家人手上。圭賢竭盡全力給朋友一個迎面痛擊後就離開公司，他說他是從社群平臺上學到這些報復方法。

因為圭賢不是我親自諮商的案主，所以不能保證故事是否屬實，但若這是一件真實案例，那麼圭賢的毅力和縝密性真是令人吃驚。如果當時我在他的身邊，我會拍拍他的肩膀安慰他，告訴他這段時間辛苦了。

像圭賢這樣想懲罰對方不正當行為的心理，被稱為「正義感」。在人際關係中，正義感是一種遵守常識、秉持公正且不隨意對待對方的善惡判斷標準。由於它具有如此重大的意義，所以在展現正義感時一定要特別小心。我們必須檢視一下，自己的正義感是否只屬於個人？是否因為自身行動而出現遭受委屈的人？最重要的一點是，自己是否曾做出和對方一樣的行為？萬一你跟對方的行為沒兩樣，那麼在懲罰他人之前應該先做好自我反省。思考一下，有沒有可能是因為自己的錯誤行為導致這樣的後果？反省不應帶著輕蔑和憤怒，而是要用共鳴和憐憫來思考彼此之間的關係。

未經反省的懲罰，並不是真正的正義，而是暴力和報復。而報復總有一天會招致另一個報復，成為冤冤相報的惡性循環。

希望圭賢的懲罰是透過反省後，在公正判斷下所做出的正義行為。

為了不讓無禮行為再次發生

「如果希望所到之處皆為綢緞之路，那該怎麼做呢？我無法用綢緞覆蓋所有的路，但我能穿上綢緞鞋。」

這是我從一位眼神清澈的僧人那裡聽來的話，相當有道理。如果想走在柔軟的綢緞路面上，比起努力將整個世界鋪滿綢緞，還不如自己穿上綢緞鞋，反而是更可行的做法。這種方法在人際關係中也能派上用場，如果不想受到無禮的對待，與其試圖讓世上所有人都成為有禮人士，還不如讓自己成為一名謙謙君子，才是更實際的做法。

不過，即使自己想努力成為有禮之人，也有難以改正的地方。例如對他人的外貌、能力及學歷背景等偏見，經常會在不知不覺中顯露出來。看到長得凶神惡煞的人就會認定對方是壞人，或者光憑畢業學校和家庭背景就斷定對方的能力不佳等等。這種判斷即使沒有露骨地表現出來，也會在無意間從眼神或生硬的語氣中傳達給對方，讓對方有被侮辱的感受。

我們之所以會從外表判斷對方，是因為埋藏在內心深處的「模式化本能」。長期生存在危險環境中的人類，培養出一種只要一看到對方就能快速判斷是否危險的能力，而這種能力已經寫進我們的基因裡。

「要盡快避開長成那樣的東西」、「發出這種聲音的東西非常危險」……這類模式化的思考，比我們想像中更快速地用直觀的方式來解釋眼前狀況，而且這種求生的本能還會代代相傳。控制情緒的扁桃體在〇・〇一七秒內就能掌握對方，並且做出是否危險的判斷。但是，這種快速判斷有時反而成為偏見產生的主要原因。

如果不想成為無禮的人，我們就要學會控制這種本能。不要過於依賴本能，僅憑第一印象就斷定他人；要習慣用慎重的眼光，花費時間好好觀察對方再做決定。帶著偏見、草率地評價對方，是一種不正確的行為。

如果是想對抗無禮人士，我們必須先回顧自己是否只憑外表判斷對方。培養這樣的心態，有助於日後與他人建立起良好的關係。帶著怨恨的心，或是帶著反省的心展開一段新關係，兩者必定會帶來截然不同的過程和結果。

雖然有程度上的差異，不過誰都有無禮的一面。無所不在的無禮，並不能成為關押自己的監獄，我們唯一能做的就是鼓起勇氣，不要被籠罩在無禮行為帶來的不快中，更別因此垂頭喪氣。若要保護自己免於受辱，那就要努力培養能夠深入了解人心的眼光。

什麼時候，我們才能像部落的原住民一樣，擁有將侮辱自己的人稱為變種人的膽量呢？

寬恕，可以敲開彼此的心門

「這不是你的錯。」
「我知道。」
「這不是你的錯。」
「我知道。」
「這不是你的錯。」
「別整我，就算你是我的老師。」
「這不是你的錯。」

電影《心靈捕手》描繪了一位青年受傷的心靈得到治癒的故事，對很多人而言，可能比任何心理諮商的作品更能留下深刻的印象。眾多經典場面中，有一幕帶給觀眾十分強烈的共鳴。主角威爾是一個身世悽慘的孤兒，一直以來都過著自暴自棄的生活，那一幕是他與女友分手後，給西恩教授諮商的場面。

威爾面對失戀帶來的失落感，雖然心痛卻強制壓抑自己的情感，沒有將情緒表露出來。西恩教授只是對威爾反覆地說著「這不是你的錯」，但在他肯定的語氣和眼神下，一直迴避自我情緒的威爾終於卸下心防，哭著擁抱西恩教授。同時在這個過程中，他也回顧了至今為止不斷在自我指責與自我詆毀的自己。

「貧窮和父母的虐待，讓我的童年過得十分不幸。但那不是我的錯，所以今後別再嘲弄和折磨自己吧！」

西恩教授的「這不是你的錯」，這句話成為威爾打開緊閉心門的勇氣。人生在世，每個人或多或少都經歷過痛苦到想結束生命的艱難時期，那個時候如果有人能用溫暖的眼神看著自己，拍拍自己的肩膀，認真而嚴肅地反覆說著「這不是你的錯」，讓自己得以與自己達成和解，我想誰都會像威爾一樣痛哭失聲吧！

世間有許多無可奈何的事

西恩教授對威爾說「這並不是你的錯」，並不是為了給他一張赦免的免罪符，也不是為了責怪某人。而是為了告訴威爾，令他不得不做出讓自己後悔和痛苦的行為，都只是在無可奈何的情況下發生的事。

由於威爾的父親酒精成癮，他在反覆被領養和棄養中度過了殘酷的童年。他二十歲以前都沒有得到應有的照顧，從來沒有享受過溫暖安心的生活。即便在如此艱難的情況，威爾還是比任何人都努力過活，可是因為沒有被愛的經驗，所以他不知道如何去愛人。每當開始與對方建立深厚的關係時，他就會不知不覺地陷入不安。由於擔心對方隨時會離開自己，他反而會採取攻擊性的言詞對待別人，這種行為成為他無法維持良好關係的主因。如果他能夠遇到善良的父母、在富裕的環境中成長，那麼他也許就能在童年時期培養應有的自尊感，與他人締結關係的方式也會大不相同。

童年時期的內心是在周遭環境的滋養下成長的，從當時環境中汲取的養分會成為茁壯心靈的助力。不過問題在於，如此重要的童年環境卻不是自己可以自由選擇的。我想無論是誰，只要在威爾那樣的環境下成長，應該都會像他一樣過著具有攻擊性且排他的生活。因此，即便他無法與人建立良好關係，又過著離群索居的生活，我們也不能完全把錯歸在他身上。

「這不是你的錯」這種事情，其實充滿了這個世界。個子矮小或長得不漂亮，不是你的錯；出生在不承認自己獨特才華的社會，導致能力未能發揮，這也不是你的錯；因為得不到父母的愛而執著於他人給予的愛，也不是你的錯；雖然竭盡全力，但是被學歷、人脈和性向等無形的天花板擋住，讓你無法繼續前進，當然也不是你的錯。

將朝向他人的視線轉回「自己」

不過，「這不是你的錯」這句話如果過度使用，也可能會招致錯誤的想法。如果習慣性地用這句話來安慰自己，認為不是自己的錯，也許就會把應該真心反省的錯誤歸咎於他人，讓自己變成一個無恥之徒。為了防止這種不幸的結果，有時候我們可以用「所有問題都是我的錯」來取代「這不是你的錯」，用完全相反的方式來安慰自己。

在天主教裡有這樣的儀式，當彌撒開始後，主禮者與信徒會先互相問候才開始告解祈禱。

「我在思想、言語以及行為上犯了很多罪，
經常疏忽自身義務，
是我的錯，是我的錯，我大錯特錯。」

告解祈禱的理由，是為了在彌撒開始前向上天表明自己所犯的錯，藉此淨化心靈。在神聖的天主面前，告解祈禱讓人感受到隱藏錯誤是不對的行為，必須反省和懺悔。

當然，有時這種懺悔之心被認為是非常殘酷的一件事。明明想對折磨自己的人盡情地大發雷霆，卻反而要承認是自己的錯，不得不讓人懷疑這種行為是否真的可以治癒人心，因此也有人對此心生反感。

但事實證明，這種心態確實可以有效地平息憤怒。「是我的錯」這樣的想法，將原先集中在他人身上的視線轉回「我的內心」，這種視線的轉換具有將憤怒暫時停留在原本狀態的效果。就像把一頭凶猛的野獸關進籠子裡一樣，把憤怒藏在心裡面，替自己爭取更多思考的時間。

讓我們將狀況簡單化，假設發生了以下這種情況。

某一天，朋友來家裡玩，不小心打破了放在架上的珍貴茶杯，感到抱歉的朋友說要賠償茶杯的錢。如果此時你不僅沒生氣，還大方地原諒友人，說道：「都是因為我把茶杯放在危險的地方，才會害你不小心弄破，是我的錯。」結果會如何呢？你會覺得既沒跟對方索取賠償，還向他道歉、擔心他有沒有受傷的自己像個傻瓜嗎？當然，一定有某些人會產生這種想法，但隨著時間的流逝，原諒他人的寬恕之心會讓自己身心愉悅，茶杯的賠償費自然也不會放在心上了。

雖然現實生活裡，利用他人善意的認錯之心而不反省自身錯誤的無恥之人比比皆是。明明不是自己的錯卻必須認錯，這種情況本身就令人感到委屈，因此很難將「是我的錯」這句話說出口。但是，原諒並關懷對方的心，會給自己帶來強烈而持久的欣慰和溫暖，足以讓我們忘卻在現實中遇到的困難。

寬恕之心具有很強的傳播力，隨著時間的推移，你會發現周圍將「是我的錯」掛在嘴邊的人越來越多，這種意義深遠的「吸引力」會將你與一樣擁有關懷心和雅量的人連結在一起。如果將這種力量運用到更嚴重、更艱困的情境中，自己是否還能用平和的心情來看待這個世界呢？這就是告解祈禱發揮力量的地方了。

三千次的放下

當內心被痛苦的情緒折磨時，佛教中有一種教導信徒行跪拜大禮並懺悔罪過的儀式。少則一百零八拜，多則三千拜，每次在地板磕頭一拜時都必須口唸懺悔之詞，反省自身的錯誤。當我們放下姿態變得謙卑時，就會明白自己有多麼不知天高地厚，並經歷到湧上心頭的痛苦再次流向地面的「下心」瞬間。即便隨著跪拜的次數越多，雙腿會逐漸麻木，腰也變得越來越痠痛，但在內心深處卻會出現久違的輕鬆感，就像把沉重的行李放下似地鬆一口氣。如果能做到放下，你就會發現，痛苦會隨著三千次的跪拜懺悔逐漸離你遠去。

佛教認為關係出現問題的原因，在於區別對方與自我，並以自我為中心去看待對方的緣故。以自我為中心的人一旦遇到任何問題，就會陷入一種正在經歷世上最大磨難的錯覺。這種錯覺會讓自己感到更加不幸，也會無視對方的悲傷。因此，如果要想擺脫人際關係帶來的痛苦，首要之務就是擺脫以自我為中心的態度。

雖然這是有點深奧的佛教教誨，但在現實生活中並不難理解，我們可以用「觀點的變化」來加以說明。當我們遇到困難而感到痛苦時，不要把焦點放在「我」身上，而是去觀察「痛苦」本身。以威爾為例的話，首先不要把重心放在因為酒鬼父親而變得不幸的自己，而是去思考酒精成癮本身；不僅是關注「暴力帶給自己的傷痛」，而是對每個人都可能遭受暴力這件事感同身受。

觀點的變化讓人懂得去關懷周遭和自己一樣正在經歷痛苦的人，並且拉開自己與情緒間的距離，所以能夠更客觀地去看待自己的痛苦。如果威爾能做到這一點，情況就會大不相同。他不會只想到自己的不幸，而是知道這世界上還有很多人和自己一樣，在酒精和暴力之下過著痛苦的日子。如此一來，或許他會試著用實際的行動去解決問題，過著對生命抱持熱情的生活。

其實，此刻感到的痛苦都是自己內心造成的。「是我的錯」的懺悔教會了我們，如果要擺脫造成這種狀況的心理並不被它控制，就要把視線看向更廣闊浩大的世界。如果把一滴紅色墨水滴入杯中，杯中的水就會被染成紅色，但若滴入大海，墨水就會消失得無影無蹤。同理可證，若是我們的心能夠像大海一樣寬廣，流進心裡的痛苦也會變得無足輕重。

慰藉心靈的咒語

「雖然我有錯，但是你也有錯。」

如果關係中出現難以解決的問題，通常我們會找出一個適當的協議點，就像處理交通事故一樣地分擔過失責任。不過，這種方式有它的局限，雖然可以透過合理的判斷來區分彼此的過失，卻無法將受傷心靈的痛苦做出公平的分配。不管再怎麼公正地計算，也無法消除心中留下的怨恨和憤怒。因此，與實際損失的判斷無關，我們需要的是能夠安慰心靈的「治癒咒語」，這個咒語正是「不是我的錯」和「是我的錯」。

這兩個咒語既能安慰心靈，又能喚醒以更廣闊視野看待世界的智慧。每當我默念「不是我的錯」時，就會讓自己在命運的力量面前感到謙卑；每當我說著「是我的錯」時，就會讓自己擺脫自私的心態，關心對方的處境，並且擁有能夠看到整體的胸懷和洞察力。

不過，這兩個意義截然相反的咒語，很容易讓人產生誤會。這兩句話並不是針對個人情況而開立的處方箋，而是一種廣泛的觀點。如果是給威爾帶來巨大傷痛的父親來找西恩教授，他會對威爾父親說什麼呢？西恩教授應該也會把跟威爾說過的話，原封不動地送給因酗酒、暴力而後悔不已的威爾父親。

「那並不是你的錯。」

「是我的錯」這句話也一樣。如果有人將這句帶有宗教教誨的話告訴威爾，那麼這句話其實也同樣適用在他父親身上。

也就是說，「不是你的錯」意味著不是所有人的錯，而「是我的錯」則意味著是所有人的錯。因為所有人都沒有錯，所以不要去責怪對方，而要原諒對方；但也因為大家都有錯，所以不要去厭惡需要反省的人、要原諒對方。以結論來看，兩個咒語都表示不要厭惡自身和對方，也就是要「原諒」彼此的意思。

決定原諒他人

心理問題的解決之道，很多時候都會出現在與自己平時習慣的相反之處。傲慢的人，要在謙虛中尋找答案；膽小的人，要在勇敢中尋找答案；而無禮的人，則要在親切中尋找答案。

人際關係的問題也是如此，由憎惡和憤怒所生的心靈痛苦，就應該從寬恕與和解中尋找解決方法。此時有一點要特別留意，即憤怒和厭惡並不是冷卻下來後就會轉換成「原諒」，而是必須先擁有原諒之心，才能使憤怒和厭惡冷卻下來。就像小說《悲慘世界》裡的尚萬強偷了銀燭臺逃跑後，米里艾主教卻說是他送給尚萬強的。我們應該先懷抱著無條件原諒他人的心，再來檢視他人的錯誤。唯有如此，我們才不會被自己引發的憤怒吞噬，並得以看到他人的真心，進而真正地原諒對方。

今天也在各種關係矛盾中度過的各位，你想要傳達什麼原諒的話給自己或心愛的人呢？

如果想原諒對方

父親的心

我爺爺以前經營著一家製冰工廠，是一名以販售冰塊為業的企業家。雖然只是位於小城鎮的工廠，但據說爺爺業務能力很強，所以算得上是遠近馳名的富商。可是，爸爸卻不太記得爺爺的長相，因為在他很小的時候爺爺就過世了。隨著爺爺的死，家道也逐漸中落，奶奶為了撫養年幼的子女而四處兼差，經歷了一段艱辛的歲月。

父親由奶奶一手扶養長大，刻苦向學後成了一名國中老師。成為教師是奶奶對父親最大的期許，但父親做幾年後就辭掉了這份工作，就像當年的爺爺一樣，不顧周遭反對的聲音投入了創業。父親經商的這四十多年間，有過風光的時刻，卻也歷經了數次失敗，我的童年和青春期就在這些時光中度過，也可說是一段崎嶇不平的家族史。

有次我曾問過父親，為何要放棄穩定的教師工作，選擇了充滿荊棘的未知道路？他只是淡然地說：「我就是想這麼做，並沒什麼特別的理由。」他說他從小就想跟爺爺一樣做生意，所以才會趁著年輕有幹勁時付諸行動，雖然沒有明確的理由，不過他只是聽從了自己內心的想法而已。

當然我尊重爸爸的選擇，只是不免留下一絲遺憾，因為我總會想到假如當初父親做了不同的決定，那麼或許我所經歷的人生苦難也會少一點。雖然在人際關係的問題上，假設過去的狀況只是一種徒勞的想像，但是藉由想像去回顧過往的關係，往往能夠找到突破僵持關係的出口。

心靈的遺傳

就像父親無法解釋他的心情一樣，很多時候我也無法解釋自己的心情。雖然我想活得更加自由自在，但是固執的念頭卻總是絆住我的去路。每當這種時候，我就會好奇這種違背自我意志的思緒究竟來自何處。為了解開這個疑惑，我開始學習佛教中的「業識」和「無意識」，過程中我得知原來內心也像身體一樣，擁有世代相傳的遺傳因子。原來，自己也難以理解的心，竟然會被遙遠過去的某個人所吸引，進而影響自身的行為。

此外，也有新的理論可以證實這樣的想法。澳洲南澳大學生物統計學教授貝本・班傑明（Beben Benyamin），在二〇一五年和阿姆斯特丹自由大學研究小組整理了兩千七百四十八篇關於雙胞胎的論文，做了遺傳特質的統計。

根據他們的研究，個人的智力與性格等心智上的特徵，有百分之四十九是由遺傳因子決定的，原本認為應該會產生重大影響的家庭環境只有百分之十七，其餘的百分之三十四則是由學校或朋友等外在社會環境來決定。也就是說，百分之四十九的個人特質不是靠後天環境養成的，而是與生俱來的天性。雖然不能斷言心智就等於心靈，但我們可以合理地推論，既然無形的心智可以遺傳，那麼心靈也同樣能夠代代相傳。

因此，當我對自己內心的想法感到不解時，我會把責任轉嫁給把基因遺傳給我的某個人。即使他並沒有親自養育我，卻強烈地影響我的行為。這樣的心理傾向，究竟是從多久以前就開始延續下來的呢？就像父親不自覺仿效爺爺做起生意一樣，我的心應該也是和過去的某個人互相連結，所以才會像現在這樣以寫作維生吧！

重要的不是「現在」

之所以會提及心靈的遺傳基因，是因為我們在理解他人的時候，也許最重要的一環不是「現在」。

我在從事諮商的過程中，經常會遇到因為兒時受到父母家庭暴力或漠不關心而產生心靈創傷的人。心靈一旦受了傷，無論過多久都無法輕易癒合或消失。特別是童年時的經歷，即使已經長大成人，仍然會影響自身的行為和情緒。因此不管年紀多大，只要站在父母面前，就會像老鼠遇到貓一樣瑟縮不前，當父母露出發怒的眼神時，還會不自覺出現手腳發抖的不安症狀。

為了治癒未能癒合的傷口，我們必須把心裡那個尚未長大成人的孩子叫出來，好好地哄哄他，或是鼓起勇氣向父母表明自己的想法。

「媽媽，你當初為何那麼狠心地對待我呢？為什麼從不對我說一句溫暖的話呢？我真的很難過……」

當長大成人的孩子開始傾訴委屈時，大部分的父母都會露出無辜的表情，並且為自己辯駁。他們會說當初應該是有什麼誤會，或者是無可奈何的情況等，而他們所做的一切都是為了不讓孩子誤入歧途。這些話一旦重複出現，只會加深彼此的矛盾，甚至可能會面臨無法挽回的局面。相反地，若父母能夠坦率地為過去的事情道歉，通常可以實現戲劇化的和解。

「原來你當初那麼難過啊，我很對不起。」

不過，即便得到父母的道歉，也讓他們對自己的心靈創傷產生共鳴，還是無法將痛苦的童年一筆勾銷。就算聽了父母的道歉後流下眼淚，並下定決心要與父母建立新關係，內心依然會很沉重，因為悲傷的回憶無法輕易抹去。

偶爾也有父母來找我諮商，雖然他們已經跟孩子道歉，卻仍然覺得愧對孩子，認為自己沒有盡到扶養的責任。他們說想真心疼愛孩子，結果卻不盡人意，向我傾吐了從未對孩子說過的內心傷痛。道歉已經於事無補了，那麼誰能安慰父母的心呢？如果想找出養育不當的原因，那麼父母的問題就必須再往上追溯到他們的父母，找出上一代的問題，親子關係才能得到真正的改善。可惜的是，時間無法倒轉，受傷的孩子能夠回報給父母的只有怨恨和嘆息。

寬恕的心情

那該怎麼辦呢？要怎麼做才能治癒難以癒合的傷口？最聰明的方法就

是放棄從對方身上治癒心靈創傷的期待。而且比起埋怨對方，應該用原諒的心取代，去體諒對方也許是有不得已的苦衷。當然這不是一件容易的事，也不是想做就能輕易做到，不過它確實是一種解決問題的可行之道。寬恕的心能幫助我們轉念，讓我們將做錯事的人視為需要幫助和治療的對象，而不是憤怒和處罰的對象。雖然只是細微的改變，但只要心念一轉，看待對方的角度也會跟著改變，進而有助於改善彼此的關係。

憤怒的心會使人的視野變得狹隘。把對方視為攻擊的對象，就會將內心的不滿全部發洩到他身上。當你看對方越不順眼，就越會去追究他的每一個錯誤，判斷是非時也會變得對人不對事。可能會隨意地指責對方是「犯下滔天大罪的傻瓜」、「造成他人傷害的壞蛋」，將對方變成一個惡名昭彰的人。相反地，寬恕的心可以打開我們的視野。當視野越開闊，看事情的態度就越容易從對人不對事轉變為「對事不對人」。而且最重要的是，不會只把焦點放在當下，而是懂得利用洞察力，去回首造成此刻心理狀態的漫長過程。

人際關係是一段走過悠久歲月、彼此心靈相遇的過程。不要只關注當下這一刻，要學會回顧過往漫長時光的歷史。當我們將眼光放得更長遠，就更能明白如何用真心去原諒對方。

「我明白，我當然明白，他們一定也是有苦衷的。」

並不是像鸚鵡一樣不斷地重複訴說，那樣只是徒有其表的口號。而是要能做到即便想起對方的錯誤，心裡也不會有任何波瀾，打從心底原諒對方的狀態。

請容我再次重申，原諒並不是一件容易的事。因為我們需要用勇氣和忍耐去面對自身的憤怒，但即使是這樣，我們還是得去學著原諒。在過往的漫長歲月中，如果對方犯下了一百個過錯，我們就可以練習從程度最輕微的錯誤開始學習原諒。唯有如此，你才能從積怨中得到解放，擺脫被怨恨吞噬的悲劇人生。

Chapter 3 溝通

不受傷也不傷人的語言

偶然之中，會有多少人能給自己帶來新的靈感和能量？
唯有透過真實的交流，與他人分享「自己的故事」，
我們才有機會與他們相遇。

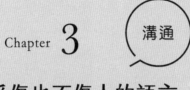

尋找對話界線的方法：游居者VS定居者

JOMO族與FOMO族

最近追求「JOMO」風格的人逐漸增加。JOMO，是「Joy of Missing Out」的縮寫，意思是「享受錯過的喜悅」。JOMO族不會勉強自己去參加不想去的公司聚餐或聚會，對於不想做的事會直接拒絕，樂於擁有屬於自己的時間。他們不在意社會的評價，也不會刻意去尋求機會。在日常生活中追求極簡主義，對於不再心動的物品就會果斷地丟棄，這些都是JOMO族的特徵。

如果說這世上有JOMO族，那麼一定也有與其相反的FOMO族存在。FOMO，是「Fear of Missing Out」的縮寫，意思是「恐懼錯過的一切」。FOMO族對於被排除在團體外會感到不安，因為他們會擔心因此錯失原先能夠得到的機會或名聲。他們不管什麼聚會都會盡量參加，並且費盡心思努力得到更多人的好評。

我以前還是上班族的時候，經常看到多數的FOMO族與少數的JOMO族出現爭執的情況。積極參加公司聚餐的FOMO族，與能閃則閃的JOMO族；週末也要聚會的FOMO族，與週末總是不開機的JOMO族，兩者之間經常發生大大小小的衝突。最近JOMO族已經成為一股趨勢，FOMO族與JOMO族之間的衝突就逐漸減少，但新的問題產生了，那就是同為JOMO族之間的人卻經常發生矛盾。舉例來說，就像游居者和定居者一旦相遇，通常就會針對私生活的暴露範圍展開爭論。

對話的界線

這是不久前發生的事。在距離下班時間五分鐘前，JOMO族的彩熙組長一邊慢慢收拾包包，一邊說道：

「老師，因為車子已經到公司了，所以我現在先下班囉！」

「好，你趕快去吧！有人來接你下班嗎？」

因為彩熙組長平時總是自己搭公車回家，所以當她這麼說的時候，我很好奇究竟是誰來接她下班。

「嗯？啊……這事不好說……那麼明天見。」

也許是因為我的提問過於突然，彩熙組長含糊其辭急忙地離開了。

「看來我又問了不該問的問題。」我內心這麼想著。

看著匆促離開的彩熙組長，我的心情變得有些苦澀。我忘了「下班後跟誰見面」這種事是屬於私生活領域，像我這樣隨意詢問其實是一種無禮的行為。

由於我很長一段時間都是自由工作者，所以進到這家公司後，有一個很難適應的地方，那就是公司內部大家都盡量不過問個人問題，即使回答也只會用模稜兩可的內容應付對方。這種風氣已經變成公司人際關係裡，一種不成文的規定。

不過，這不表示大家一整天都在談論公司業務，只是在閒聊時，每個人都會使用默認的社交語言，像是目前最有人氣的連續劇或電影、股票、虛擬貨幣或午餐菜單等等，透過聊著這些輕鬆的話題來延續同事間的交情。一開始我有點懷疑這樣的人際交往是否有意義，不過為了能在公司生存下去，我也只能選擇適應。

起初，難以適應這種文化純粹是因為我的個性。雖然我喜歡獨處的時間，不過對於他人我不會採取排斥的態度。如果有不熟的人突然問我：「老師，我可以去你的茶室看看嗎？」我也不會露出僵硬的表情或驚慌失措，反而會認為應該是那個人對我有興趣，想跟我變得熟悉，所以會感到開心。面對陌生人的來訪，我會抱持著興奮的心情打掃茶室，愉快地思考該為他準備什麼茶。

因此我也以為別人都跟我一樣，但在職場工作一段時間後，我才明白事實並非如此，原來大部分的人都不會對不熟的同事談及私事。特別是冒然問他人的 Instagram 帳號或是打探別人週末做了什麼等等，都會讓聊天氣氛瞬間降溫，並且會讓人覺得這是一種不識相的行為。或許大家是考慮到一起工作的同事，未來的某一天可能會變成競爭者，如果對方知道自己太多弱點，就會成為不利的因素。實際上，我確實經歷過個人私事遭到他人扭曲且到處傳播的情況，也多次有人對我的私生活進行無謂的干預，或是進行莫名其妙的說教等。偶爾我也會對這種顛倒是非的事情感到憤怒，不過奇怪的是，這些事雖然讓我心情不好，但我仍然認為這是值得忍受的經驗。因為我認為誤會、矛盾、傳聞和評價，可以成為觀察他人內心的一個好機會。即使發生了讓人心情不佳的事情，只要想著「原來每個人看待事情的角度都不同」，那麼心裡對這件事也就不再心存芥蒂。

隱藏私生活的優缺點

對私生活保持敏感，這種態度同時存在著優缺點。優點是私生活可以得到安全的保護。因為不為人所知，所以不會莫名其妙地成為傳聞對象，還可以與眾人保持適當距離，進而擺脫人際關係中的瑣碎麻煩。不僅如此，在艱辛的職場生活裡，由於不須去擔心暴露私生活後必須承受的壓力，因此可以將全部的心神集中在工作上。缺點是這樣的態度會產生距離感，甚至可能會讓他人對你產生警戒和懷疑。在某些狀況下，還可能給人冷漠或缺乏彈性的印象，因此當你需要周遭人們的幫助時，很可能會出現孤立無援的情況。

我們可以採用折衷的方式，適當地將優缺點綜合起來，確保適當的私生活曝光範圍。最常見的方法是，找一、兩名你認為頻率相同的同事，跟他們分享你的私生活，維持親密的友誼關係；與其他人則繼續保持適當距離，建立中立的關係。像這樣不偏不倚的中立態度，就是一種能讓大家和平生存的最佳選擇。

但在採用這種中立之策的時候，遇到對私生活領域跟你抱持不同觀點的人，可能還是會感到心情苦澀。有時當自己想多了解同事或變得更親近，對方卻總是禮貌性地保持距離，不免會覺得有點受傷。然而，從對方的立場來看，面對頻頻示好的同事也會感到負擔和痛苦。之所以會造成這種令人遺憾的情況，是因為每個人對於私生活的認知有著與生俱來的差異。

對我而言，不願意對外公開的私密領域並不大。若要比喻的話，大概只要用旅館裡常見的保險櫃就足夠容納。而這個保險櫃裝著我寧可帶進墳墓也不願意讓他人知道的祕密，我想讓這些過於羞恥且不體面的事就這樣靜靜地待在裡面。我之所以會把私密領域的範圍設定得如此小，是因為我所追求的關係傾向於「游居型」。

游居型和定居型

在設定私生活領域時，人們大致可以分為「游居型」和「定居型」兩種傾向。游居型是指像在廣闊草原或沙漠中遷徙的游牧民族一樣，十分重視共同領域的類型。他們就像游牧民族的後裔吉爾吉斯人一樣，隨著季節變化移動到不同場所，只要搭起蒙古包，任何地方都可以是他們的臨時居所。而這種移動式居所，沒有借助眾人之力是無法建立或拆除的，所以他們需要團體的力量。搭建好的蒙古包就是一個家庭的住所，同時也是對外開放的共同場所，眾人都可以在裡頭吃飯或聚會，甚至也歡迎陌生旅客的蒞臨。對於游居者而言，「我的」並不是指「專屬於自己的物品」，而是類似暫時借來的租賃概念。所以離開時必須不留下一點痕跡，相聚時則要和大家共享帳篷裡的溫暖。

憧憬靈魂交流的虔誠修行者，或是毫不猶豫去探索新世界的自由開拓者，都是具有游居型傾向的人。對於忠於本能和感性的他們來說，親密關係是從邀請對方進入自己的蒙古包，以及踏入他人的蒙古包展開的。他們追求的關係目標是尋找能夠分享內心的靈魂伴侶，並且建立能夠相互守護的緊密共同體。

游居型的相反則是定居型。像彩熙組長這樣追求定居型關係的人，非常重視自己專屬的領域，他們認為必須要有區分自己與他人土地的圍籬，好讓他們將屬於自己的東西安置在這個圍籬裡。如果圍籬倒塌，他們就會覺得自己的生命和尊嚴受到威脅。對於定居型的人來說，他們追求的關係是在自己領域的圍籬邊緣與他人相遇。

對忠於現實和理性的定居者而言，親密關係的基礎是指在決定好的時間裡，用提前準備好的食物來招待客人，並且希望客人能夠在該離開的時候道別。我的東西歸我，你的東西歸你，這樣明確的區分創造了不會與他人混淆、屬於自己的固有價值。透過他人來確認自我價值，是他們建立關係的重要目標。定居者聚在一起形成了獨立且具主體性的共同體形象，不但能夠彰顯出個人能力，更能形成一種具有創意且細膩的文化。

降低彼此的圍籬

在關係之中，游居型和定居型沒有孰好孰壞之分。不需要每個人都成為關係中的游居者，也不必奉勸大家都要成為定居者。最重要的是，必須擁有不執著於自我的柔軟心態。JOMO 族與 FOMO 族、游居者與定居者生活在一起，出現各種問題是必然的事。如果每次起爭執都指責並攻擊對方，那麼自己當然也會受到同樣的待遇，如此一來這個世界想必就會成為互相苛責和詆毀的地獄。

解決這種矛盾的最佳方法，就是找到適合游居者和定居者的交集。我找到的交集是降低圍籬，讓築起高大圍籬的定居者與沒有圍籬的游居者創造適當的妥協點。所以，如果出現讓我想要建立深厚關係的對象，我會先搭建一面低矮鬆散的圍籬，好讓自己能夠看清楚對方。待在自己的圍籬裡傾聽對方說的話，並且露出善意的微笑，努力讓對方感受到自己的回饋。如此一來，對方就會自然而然地降低自己的圍籬，開始展現出自己真實的一面。在低矮的圍籬之間，就形成了相互尊重和共感的全新領域。

隔開彼此的圍籬越高，能夠得知對方為人與發現彼此共同點的機會就越少。對我來說，只讓自己覺得不錯的人進入圍籬，並不是一個好做法。因為在圍籬外還有更廣闊的世界，我們可能會失去存在於其中的「偶然」機會。因為我們不知道在偶然之中，會有多少人能夠給自己帶來新的靈感和能量。唯有透過真實的交流，與他人分享「自己的故事」，我們才有機會與他們相遇。

傾聽，真正溝通的開始

「我是你的情緒垃圾桶嗎？」

對賢珠這種令人不愉快的行為，恩書感到很不悅。因為賢珠每週都會打三、四次電話給她，而通話內容幾乎都是她在公司發生的煩心事，或是抱怨一些她看不順眼的人。

「我明明就很老實安分，不知道他為何老是找我麻煩！才遲到五分鐘就被他訓了一頓，難道他自己就沒遲到過嗎？」

賢珠用激動的聲音發洩著她的情緒。

每次的通話時間都長達四十分鐘左右。四十分鐘，正好是賢珠從公司返家的通勤時間，當她車子熄火的那一刻，就是她掛斷電話的瞬間。雖然一邊開車一邊講電話有安全疑慮，但更讓人反感的是賢珠的態度，因為只要一回到家她就會以忙碌為由，自顧自地掛斷電話。即使恩書還有話要說，她也會以有事要忙、下次再聊而推拒。每次都重複著類似的模式，恩書對此逐漸感到疲憊。

「我好像是她『打發時間』的工具。」

隨著時間的流逝，恩書對我說，她覺得自己好像被利用了。其實賢珠並不是忙得不可開交，也不是只有在開車時才有時間講話。最令恩書感到不開心的是，賢珠根本不記得自己到底說了些什麼，因為她通常只顧著說別人的壞話，所以不可能記得恩書說過什麼。對賢珠來說也許只是一個過渡時間，可是對恩書而言卻倍感煎熬，因為她必須為了接聽這通電話而停下手中的工作，專心傾聽朋友發牢騷。

沒必要成為他人的情緒垃圾桶

自從察覺到自己遭到利用，恩書看到賢珠在下班時間打來的電話便視而不見。取而代之的是，她會選擇在自己方便的時間跟賢珠聯絡。此外，對話內容也發生了變化，每當賢珠習慣性地開始抱怨時，她就會適當地打斷話題，把對話引導到正向的地方。以這種模式通話幾次後，原本頻繁打來的賢珠開始減少撥打的次數，恩書打給賢珠時她也經常不接。站在賢珠的立場上，她會認為既然無法盡情吐苦水，那麼打電話給恩書似乎也沒有任何意義了。

因為與對方變得太熟悉、相處得很自在，或是覺得對方很好欺負，偶爾我們會忘記，有人可以傾聽自己說話是一件多麼可貴的事，就會像賢珠對恩書所做的一樣，把用心傾聽自己說話的朋友當作情緒垃圾桶而不再以禮相待。沒有考慮到朋友的心情，只顧著說自己想說的話，或者老是抱怨相同的事情等等，都會令朋友感到疲憊不堪。之所以會犯這樣的錯誤，最主要的原因是自己先入為主地認為這樣對待朋友也沒關係。因為是朋友，當然可以聽我吐苦水；因為是朋友，當然要傾聽我的心事，而且要對我的立場感同身受才行。可是世上沒有什麼事是理所當然的，朋友並不是微不足道的存在，更不能讓人任意對待。

建立深厚關係的最佳溝通法

「傾聽」一詞，意指「全心全意地體會對方」。即使對方說的話與自己的想法不同，也不能採用無視的態度，而是要努力地去了解對方的心意。如果要用一個漢字來表達傾聽的瞬間，那就是人與心並列而站的「伈」字。伈是恐懼之意，表示傾聽對方的真心是一件令人戒慎恐懼的事。因為他的內心可能隱藏著意想不到的卑鄙和低劣，也可能迴盪著悲傷和痛苦。但唯有戰勝內心恐懼，努力地去傾聽對方的心聲，才是建立深厚關係的最佳溝通法。

不過，無條件全數接收對方的話，也不算是真正的傾聽。若是帶著義務的壓力去傾聽，無法理解的內容也裝作一副認同的樣子，這種傾聽是沒辦法打造出良好的關係。當你結束談話從位子上站起來的時候，卻連對方說了什麼都不記得，只是虛情假意地回應：「是啊，原來是這樣，哎喲，真是太可憐了。」這種做法只是在欺騙對方而已。

世上沒有誰可以無限制地去傾聽他人的話，所以在傾聽的同時，要懂得分辨何時要給予理智的建議，何時又該安靜聆聽。對於他人的話語不是全盤接收，而是要全心傾注在對方身上，找出其中最容易被忽略的心聲。

傾聽是為了引導出對方的心聲

即使對方說了自己無法認同的話，也要適時表達正確的意見，並且繼續傾聽下去。這時不能抓住對方的話柄不放，也不能指責對方說那是錯的。我們可以先想一想，對方的意見是否也有正確的可能性，接著再提出自身的看法。必須設身處地為對方著想，一邊表達自己的感同身受，一邊輕輕拍打對方的肩膀，然後將自己的真實心情告訴對方。

舉例來說，與其說「好像不是那樣」，不如改成「雖然我有點難以理解，不過確實可能會這樣」。如此一來，對話的氣氛才能維持適當的緊張感，對方也會更仔細地填補自己意見不足的部分，進而產生繼續溝通的念頭。在對方因為委屈、氣憤而情緒激動時，不能隨便打斷，也不要像找碴一樣追究事實真相。因為首要之務並不是解決問題，而是與對方產生共感，能夠將心比心且不欺瞞對方才是好的傾聽態度。

有意義的傾聽，能夠幫助對方說出心裡真正的想法，讓他將隱藏在內心深處無處訴說的故事可以自在地說出口。有時候沉默不語也能成為一種傾聽，提問和呼應也可以成為傾聽的一部分。即使我們對於他人的真心感到戒慎恐懼，也要努力去找出躲在對方話語背後的心聲。這麼一來，才能聽到他真正想說的話，那些因為口才不好或不善於表達而被錯過的真心，才能被聽見。

只讓自己覺得不錯的人進入圍籬，

並不是一個好做法。

因為在圍籬外還有更廣闊的世界，

我們可能會失去存在於其中的「偶然」機會。

我們的對話是否真實呢？

口才好和善於對話是兩回事。口才可以靠鍛鍊，但對話卻需要雙方的努力，如果兩人之間的頻率不協調，對話就無法順利進行。

在開始對話前，我們會根據與對方的關係來決定如何說話。和相處自在的人談話，以及和討厭的人談話，對話的內容和方式必然會有所不同。

有些人雖然口才很好，但卻不擅長與他人對話，主要原因在於不懂得如何根據情況做出適當的對話。例如把不熟悉的人當作自己的好友，輕浮、隨意地進行對話而造成對方誤會；或是面對需要溫暖安慰的人，卻以冷若冰霜的態度談話；另外，也有些人不管跟對方的關係如何，始終如一地按照自己的風格進行單方面的對話。

由於每個人都會與他人建立各式各樣的關係，因此無法在此一一列舉適合大家的對話方式，但是所有對話都有一個共同的基本前提，只要滿足這個前提，基本上都可以得到圓滿的對話。進行良好對話的基本前提就是：在自己想說的話和對方想聽的話之間取得平衡。下面是對話難易度較高的例子，我們來看看青春期孩子和媽媽之間的對話。

女兒的手機

裕美有一個剛上國三的女兒，某次她看到女兒手機裡的簡訊後受到了很大的衝擊。平時裕美認為自己的女兒是一名溫順聽話的善良孩子，但在她與朋友往來的簡訊中，卻寫滿了辱罵和憎惡媽媽的話語。那些不堪入耳的話，密集出現在她訓斥孩子的那天。就像打開了潘朵拉的盒子，裕美看到這些訊息後難以入睡。由於簡訊內容實在令她過於震驚，她無法坐視不管，因此她詢問女兒為何要發這種簡訊給朋友。但這麼一來，女兒反而怪她偷看自己的手機，兩人的關係變得更加惡化。裕美不敢相信幾年前還抱在懷裡的可愛孩子，怎麼會寫出這種惡言惡語，她被一湧而上的背叛感搞得不知所措。裕美一直認為她很了解自己的孩子，也覺得平時已做了充分的溝通，究竟是哪裡出了問題？為什麼孩子會這麼討厭她呢？

單方面的對話招致的悲劇

裕美和孩子的問題，不在於溝通的時間不足，而在於對話的內容。她跟孩子在日常生活中的對話如下所示。

「媽媽，那個藝人是不是很帥？」

「是啊，很帥。不過你功課寫完了嗎？」

「媽媽，你今天幾點會來接我？」

「嗯，下班後馬上去接你。你今天的功課都做完了吧？」

「媽媽，這個星期天我可以跟朋友出去玩嗎？」

「這個嘛，你好好想一想，這樣你不就沒時間念書了嗎？你那個朋友成績好嗎？」

雖然裕美認為自己所說的話都是為孩子好，但從對話內容看來，可以發現她只是不斷重複自己想說的話，呈現出單方面溝通的態度。孩子想要的是心情上的溝通，可是媽媽卻只顧著詢問與孩子提問無關的問題，這樣要如何溝通呢？認為溝通無效的孩子因此逐漸放棄對話，並將所有的不滿都累積在心裡。雖然孩子和父母彼此相愛，但是若表達愛意的方式是單向的，那麼只會讓彼此的矛盾逐漸擴大。當矛盾累積到一定的程度時，就會轉化成不滿和憤怒。身為家長明明盡了最大的努力養育孩子，卻在不知不覺間成為給孩子帶來傷害和憤怒的加害者。無論原本的關係有多麼親密，情感破裂都只是頃刻之間的事，無心的一句話或皺眉的表情，都可能在一瞬間讓親子關係降到冰點。

良好溝通的條件

「關心」和「共感」是進行良好溝通的必要條件。如果不去關心對方，就會變得只顧自說自話；如果共感不足，就很容易對他人的話產生反感。最糟糕的溝通，則是希望對方關心自己並設身處地為自己著想，但自己卻不去關心對方，也沒有對他人的想法感同身受。所以，裕美應該先關心為何孩子會說那些話，並且對她的話產生共鳴。

我也有一個和裕美孩子年齡相仿的女兒。女兒剛上國中時，曾跟我提過歌手ＩＵ的事。她進入青春期後成了ＩＵ的粉絲，房間裡貼滿了ＩＵ的照片，買了很多她的周邊商品，每天聽著她的歌，還會跟著哼唱。因為她未滿十四歲，所以無法註冊粉絲俱樂部，為此還用我的名義加入。

看著孩子追星的模樣，我可以看到她的依附對象從父母轉變為藝人的社會化過程，也就是說孩子逐漸成長為具有獨立人格的存在了。因此我很感謝ＩＵ，感謝她代替父母成為孩子喜歡的對象。由於懷抱著感恩之情，所以我也開始關注ＩＵ，對於她是一位具有個人魅力的優秀歌手這一點也產生了共鳴。不久前看著出現在電視上的ＩＵ，我們家出現了這樣的對話。

「像ＩＵ這麼會唱歌、長得又漂亮的人，竟然在選秀中落選二十多次。好不容易才被中小型娛樂公司選上，卻又遭到詐騙事件。不過ＩＵ還是選擇繼續挑戰，所以才會有現在的她。真是了不起啊！面對失敗還能屢敗屢戰，如果是爸爸的話，可能會變得畏縮不前。」

孩子聽完我說的話後，一臉驚訝地說道：

「哇，這些事我也知道，但你是怎麼會知道這些呢？」

接著孩子立刻講述了ＩＵ的另一個幕後故事。這種看似不起眼的對話若是能夠不斷地上演，那麼即使是瑣碎的問題孩子也會期待著「不知道爸爸這次會怎麼說」而享受著親子之間的對話。由此可見，共感和關心，可以打造樂於溝通的親密關係。

應該避免的地雷句型

為了讓對話能夠順利進行，有一點需要特別注意，那就是懂得說出適當的話很重要，而把不該說出口的話放在心裡也很重要。當對話持續進行時，我們很容易把未經思考的話語脫口而出，但這麼做往往會造成說者無意、聽者有心的狀況。即便說話的人認為自己的話是不帶個人情感的中立意見，但就聽的人而言可能會覺得相當刺耳。每個人的標準都不一樣，而對我來說，只要聽到下列四句話時，都會讓我心裡不太舒服。

老實說

雖然說話的人是為了坦率地表達心情而使用這句話，但是根據狀況的不同，這句話可能聽起來會帶有攻擊的意味，況且這句話的後面通常會出現粗暴和否定的話語。實話實說固然是一件好事，但沒有考慮到對方心情的誠實，往往會變成一種輕率的語言暴力。就像阿拉伯諺語說的：「若要射出尖銳的真相之箭，就必須在箭頭沾上蜂蜜。」我建議可以變更一下表達方式，用「這是我個人的想法」來取代「老實說」，應該會更好。

「老實說，你當時穿的衣服實在是太俗氣了。」

↓「這是我個人的想法，你當時穿的衣服好像不太適合你！」

那個我知道

無法明確地理解對方的想法，卻裝作好像知道的時候，通常就會出現這樣的表達方式。如果真的理解，就應該對他人無可奈何的情況產生共鳴。如果真的知道對方情況卻還指責他，我想應該沒有比這更讓人不愉快的事情了。即使對方講述相同的話，也不一定要說「那個我知道」，因為還有很多不同的表達方式。

「我知道你很辛苦，但並不是只有你辛苦。」

↓「大家都很辛苦，我們彼此多照顧一下對方吧。」

「我知道你很敏感，但你也不能這麼說。」

↓「如果心情變得敏感，很多話不小心就會脫口而出。」

雖然不關我的事

應該沒有比這句話更不負責任的表現了，聽起來給人的觀感就是不想跟目前的狀況扯上關係。在此建議盡量別說出這句話，即使不知道現在是什麼情況，最好也要表現出只要有機會就會盡力了解的態度。

「那件事是怎麼一回事？」

「那件事不關我的事啊。」

↓「這個嘛，我不知道那件事怎麼會變成這樣，但是我正在了解中。」

這不像你的作風

「擁有自己的作風」這句話不是限制自己的意思，而是想要尋找真正的自己。但是當別人對自己說「要有你的作風」時，就好像他對我已經有了既定的印象，想要把我關進那個框架裡似的，讓人感覺很不快。這句話聽起來會有一種「你最好不要做出超過自身能力的行為」，或是要求你按照往常的習慣來做事的感覺。因此每當聽到這樣的話，我就會產生一種「到底我的作風是指什麼」的反駁心理。即使不用「這不像你的作風」的表達方式，也不會影響到對話的進行。

「這件事的處理方式，怎麼不太像你平時的作風啊？」

↓「看起來與平時不太一樣，你那天的狀態是不是不太好？」

除此之外，還有很多令人感到刺耳的表達方式。如果聽到這種不舒服的話，你可以牢記在心，至少要提醒自己別使用這些話語。若能以「己所不欲，勿施於人」的心態進行溝通，那麼你在不知不覺中就會成為一名懂得深思熟慮再進行對話的好夥伴。

關心和共感是良好溝通的必要條件。

如果不關心對方，就會變得自說自話；

如果共感不足，就容易對他人的話反感。

與陌生人的溝通

寫作室的鳥鳴聲

我在尋找人生第一個寫作室時，首要條件是「安靜的地方」。建築物有點破舊或地處偏僻也沒關係，只要安靜就行。如果可以再提一個要求，那我還希望能擁有開闊的景色，附近有公園或美術館的話，我就別無所求了。我知道這樣的空間可遇不可求，結果沒想到在四處尋訪奔波後，真的讓我找到了一個符合所有條件的地方。

那是一棟位於國立現代美術館和嘉會洞之間，約莫十五坪大小的兩層樓建築。從二樓看出去，前面是一片將近一萬坪的未開發空地，建築物周圍只有一家韓服出租店和一家餐廳並排而立，環境不算吵雜。站在二樓就可以聽到從空地茂密樹叢中傳來的鳥鳴聲，整個社區就像寂靜的鄉村一樣悄然無聲。附近不但有美術館，還有適合散步的嘉會洞街道，簡直就是我夢寐以求的理想環境。街道上來往的人不多，租金也比附近便宜了兩成左右。真不敢相信首爾市中心竟然會有這樣的地方，我懷著激動的心情趕緊簽下合約。在我進駐寫作室的第一天，打開窗戶就聽到了初次來訪時聽到的清脆鳥叫聲。

「鳥叫聲真悅耳！」

聽到鳥鳴聲之後，我望向窗外尋找鳥的蹤影，但是找了半天也找不到牠在何處。接連幾天也一樣，不管是早上或晚上，鳥聲從未間斷，但就是看不到鳥的身影。就這樣連續聽了一個星期的鳥叫聲之後，我才開始感到奇怪。因為目前為止聽到的鳥叫聲都是相同的音量和音色，顯然不是大自然裡會有的聲音。我抱著懷疑的心情在寫作室周圍尋找聲音的來源，沒想到它不是來自對面空地的草叢，而是韓服出租店。那家店一整天都在播放鳥叫聲的背景聲響。當初我來看房子時聽到的也是這個聲音，因為是由真實的鳥叫聲錄音而成的，所以我才會信以為真。

從此以後，鳥叫聲成了一種難以忍受的噪音。不間斷的刺耳聲整天縈繞在耳朵裡，讓我倍感折磨。就算關上窗戶也沒用，因為鳥鳴已經像幻聽一樣揮之不去。本來想忍到適應這個聲音為止，畢竟我好不容易才找到這個合適的空間，可是無論如何卻再也沒辦法忍耐下去了。

如果想解決這個問題，在大部分的情況下，會面臨下列三種選擇。

第一種方式，到韓服出租店要求他們關掉鳥鳴聲。但首先要擔心的是對方不曉得會有什麼樣的反應，而我並不希望雙方鬧得不愉快或起爭執。

第二種方式，向市公所投訴噪音問題。如此一來就不必表露身分，不會造成不必要的麻煩；再說由政府出手處理，對方也只能乖乖地把聲音關掉。但是這種做法似乎不太光明正大，有一種在背後偷偷摸摸的感覺。而且當韓服出租店的老闆得知被不明人士舉報時，肯定會氣憤難平，一想到這裡我也會有些過意不去。

最後一種方法，就是忍耐。抱持著「忍一時風平浪靜，退一步海闊天空」的想法，一直忍到自己適應為止。

面臨這三種選擇時，我們都會依照個人的「應對機制」（Coping Mechanism）做出最後的決定。應對機制是指為了適應引起壓力的環境，所採取的內在應對策略。也可說是我們以累積至今的經驗和知識為基礎，在發生壓力情況時，得以靈活採取對策的一種個人防禦系統。

而我的應對機制，通常是直接去找對方解決問題。為了找出問題所在和交換意見，我必須提前做好各種準備。此外，我也需要有充分的思考時間，檢視自己是否提出了自私的要求，或是因為過於敏感而心生不滿。由於這個過程很麻煩，所以我也想過乾脆忍氣吞聲，或是選擇視若無睹。不過當情況真的讓我感到非常不舒服和痛苦的時候，我就會克服怕麻煩的心情，選擇去找對方協商。上門去找對方前的猶豫不決，也是一種衡量自我內心忍受極限的過程。

與韓服出租店老闆的對話

我決定依循應對機制親自去拜訪韓服出租店。此時最重要的是，不能不分青紅皂白地大吐苦水，也不要像抗議似的訴說個人主張。比起這些，首要之務是了解對方是什麼樣的人，以及找出播放鳥鳴聲的原因。為了達成這些目的，要盡可能地保持冷靜，與對方熟悉之後再進行溝通。

我小心翼翼地來到韓服出租店，原來老闆並不是什麼凶神惡煞。她身上穿著韓服，看起來很端莊，圓潤白皙的臉龐甚至給人一種親切的感覺。看著她溫和的面容，不由得讓人放心不少。

「我是剛搬來這裡的鄰居，過來跟您打個招呼，很高興認識您。」

首先簡單地問候一下，接著問起韓服店的近況，最後才貌似不經意地詢問播放鳥鳴聲的理由。

「哎呀！您說鳥叫聲嗎？聽說悅耳的聲音會帶來好運，所以店裡才會播放我最喜歡的鳥叫聲。」

聽了老闆的說明後，我對她播放鳥鳴聲的用意產生了共鳴。由於韓服出租店地處偏遠、人煙罕至，她才會想用鳥叫聲來吸引人們的關注，這正是她為自己招來好運的方法。而且在我搬來之前，這件事並未給任何人帶來傷害，因此可以算是一個別出心裁的攬客方法。

和韓服出租店的老闆談完後，我再度回到寫作室。坐在書桌前聽著鳥鳴聲，我又再次陷入了苦惱。苦思了一整天之後，隔天我又再次來到韓服出租店。這次我談起了自己的工作，由於我每天都必須讀書寫作，但鳥叫聲過於吵雜，所以無法集中精神。我把內心的掙扎坦率地告訴她，說我本來想忍耐，卻很難做到。我明白她是為了招來好運而播放鳥鳴聲，不過這樣卻會對我的工作造成影響，兩者的主張都有各自的道理，因此我希望能夠找到一個雙方都能接受的共識。韓服出租店的老闆安靜地聽完我說的話之後，提出了她的解決之道：「那麼我把鳥鳴聲的音量轉小聲一點，您覺得如何呢？」她說她希望好聲音能帶來好運氣，不過聲音大小應該無所謂，所以她承諾我會把音量調到外面聽不見的程度。我覺得她的提議很不錯，因為只要寫作室裡聽不到聲音就行了，於是老闆立刻將鳥鳴聲的音量轉小。和平的關係必須透過對話與協商來實現，在使用這個應對機制時，我又再次確認了這一點。

與餐廳之間的矛盾

想在陌生的地方站穩腳跟，需要解決比想像中更多的矛盾。鳥鳴聲解決後，鬆一口氣的瞬間又出現了另一個問題。隔壁的餐廳每天都把他們使用過的可回收垃圾堆在寫作室的門邊。從他們每天固定堆放垃圾的情況來看，應該是行之有年、積習成常了，不過這些垃圾卻破壞了我窗前的美好景色。因此這次我也依循應對機制親自前往餐廳，試圖與他們溝通。可是這次的反應卻截然不同，我一提到「垃圾」兩字，餐廳老闆就露出不悅的神色，連聲說自己什麼都不知道，並且要我去找管理員。過了一會兒，兩個貌似管理員的男人向我走來，不由分說地提高嗓門對我說話。他們似乎是為了討好餐廳老闆而表現出不必要的過度反應，老闆本人則站得遠遠的，一副隔岸觀火、事不關己的樣子。對於一再叫囂且語帶威脅的他們，我也只能提高音量表明自己的來意。

「因為餐廳的垃圾堆放在我的門邊，不僅會散發異味，而且也不美觀，希望你們可以處理一下。」

聽了我的話之後，其中一名身材矮小、留著平頭的管理員將手臂交叉在胸前，瞪大眼睛對我說：

「看來你一無所知啊！在你搬來之前，垃圾本來就是放在那裡的。整個社區的人都沒意見，你憑什麼找碴？你到底是何方神聖？」

他們從頭到尾不斷地指手畫腳且口出不遜，但是為了不讓自己受到影響，我調整呼吸慢慢地說：

「就算在我來之前有過這樣的規則，但我是新來的，我也有權利不遵循這樣的慣例。以後請把垃圾堆在餐廳門口，或是堆放在其他地方。」

管理員並沒有正面回答我的話，只是重複著相同的說詞。

「以前住在這裡的人都沒說什麼，你到底想怎樣？」

對方一直追問我的身分，我們的對話始終沒有任何交集。由於他們一直處於激動狀態，所以我也試著反思自己的要求是不是太過分了？但不管怎麼想，把餐廳垃圾堆在寫作室門口實在是一件令人難以容忍的事。因此我也執意要求他們把垃圾清掉，對方則是聲嘶力竭地強調他們的主張，沒有絲毫退縮的意思。而我的想法是，若最後未能達成協議，即使藉助政府機關的力量，我也要徹底解決這個問題。

在失去理性、變得意氣用事的他們面前，我好像也被他們同化了，路過的行人就像在看戲似地紛紛投來好奇的眼光。幸好經過三十多分鐘的爭執後，管理員終於同意將垃圾的堆放地點改到餐廳後門，原先僵持不下的狀態立即解除，轉眼間雙方就達成了協議。

各持己見的時候

經過這件事之後，我學會更加細緻地調整，在陌生環境中與陌生人建立關係時所需的應變機制策略：不是採取抗議的方式，而是要嘗試溝通，並且最重要的是要去理解對方究竟想要什麼。想和陌生環境裡的陌生人和平共處，首先要從了解他想得到什麼、想守護什麼，以及想拋棄什麼開始。唯有如此，我們才能透過對方想得到的東西，去得知他想從我身上得到什麼；透過他想守護的東西，去明白他不想被我奪走什麼；以及透過他想拋棄的東西，去知道他不想從我這裡獲得什麼。

韓服出租店老闆想得到的是「好運」，想守護的是「維持生意興隆的好運」，想拋棄的是「招致門可羅雀的厄運」。雖然她為了迎來好運而播放鳥鳴聲，但也不願意造成他人傷害而招致厄運。為了達成她的目的，她對每件事都表現出謹慎的態度，也幸好如此，我們才能在不起爭執的狀況下和平地找到解決問題的方案。

相反地，餐廳想得到的是「維持餐廳乾淨」，因此他們想要繼續維持把垃圾堆放在他人門口的惡習。想拋棄的則是「餐廳的髒亂」。由於我妨礙了餐廳想得到的東西，讓他們無法守護原有的狀態，再加上阻止了他們想要拋棄的東西，所以我才會讓他們感到不愉快。如此一來，雙方會發生衝突也是必然的結果。

如果對方抱持著自私自利的目的，那麼發生不可避免的對立也是在所難免。雖然令人感到惋惜，但不是所有關係都能夠和平共處，有時候需要透過爭執和對立才能找出彼此的共識。在這種情況下，把決定權交給能夠分辨是非的法律來做判斷，也許不失為一種能夠避免不必要的爭吵，又可追究對方錯誤的合理方法。不過，在做出最後的判斷之前，應該先就對方為何會做出這種行為來溝通，因為對方肯定也有他的道理。無視他人的立場，光憑冷酷的法理來判斷是非並無法維持圓滿的關係，只能判斷出一般常識中的對與錯。

此時，試圖去接受他人論點、去考慮到雙方的立場，就能夠開啟適當妥協的溝通平臺。從各持己見到形成雙方都能接受的共識為止，過程中的那些爭執都是無可奈何的事，不必放在心上，那是建立新關係必經的過程。

解決關係的問題並沒有正確答案。即使以同樣謙遜和謹慎的態度靠近對方，有時候能順利透過溝通找到彼此的解決之道，但也有時候會演變成一場雙方在街頭叫罵的局面。至於對方會有什麼反應，只有親身經歷後才會知道。透過這些經驗來提升自己的應變機制，才是我們可以快速適應陌生關係與減少心靈受創的最佳方法。

關係的面貌千變萬化

與二十年的知己離別

「我認識他已經二十年了，他的個性、喜好、煩惱和交往對象等，只要是關於他的事，我肯定比任何人都更清楚。但是自從一起工作後，我才知道他還有我全然不知的另一面。」

智祐滿臉愁容地深深嘆了一口氣。

智祐和賢宇是從小到大的死黨，兩人之所以變得疏遠是因為合夥工作的關係。智祐退休後在住家附近開了一間小咖啡館，當時賢宇正好無事可做，所以智祐便找他來當咖啡館經理。因為賢宇以前經營過咖啡館，智祐認為應該可以讓他發揮長才。對於智祐的提議，賢宇也欣然接受，並且自信地說道：

「我會助你一臂之力，相信我吧！生意好的時候，賺個五百萬韓元也是稀鬆平常的事。我會把畢生所學一一傳授給你，不必擔心。」

比起內向和膽小的自己，對所有事情都充滿自信的賢宇讓智祐感到很放心。他把當初開店時最擔心的外場接待和經營交給賢宇處理，自己則把心思放在沖泡咖啡和餐點擺盤上。他們的合作無間，讓智祐的咖啡廳一開業就門庭若市。看著蜂擁而至的客人，智祐和賢宇甚至開始想像要在哪裡開分店，兩人度過了一段相當愉快的日子。

但是他們卻忽視了一個重要的問題。由於智祐的咖啡館並不是開在熱鬧的市中心，而是在安靜社區的外圍地帶。在這種地方開店做生意有一種特性，即一開始會吸引附近的居民前來捧場，但他們大多只是出於好奇心，去過一、兩次之後通常就不會再上門了。小心謹慎的新手智祐和自信滿滿的賢宇，就在開業兩個月後迎來了冷酷的現實打擊。

客人明顯減少以後，智祐和賢宇之間的矛盾也隨之擴大。賢宇認為生意不好的時候應該要採取折扣活動，用發傳單的方式進行主動式的行銷。但是智祐則說，現在的咖啡售價已經是最低價格了，若再打折就毫無收益可言；此外，他認為發傳單是一種過時的做法，因此一口回絕了賢宇的提議。反之，智祐主張要以咖啡口感一決勝負，所以他打算利用社群網站來提高關注度，藉由口碑來招攬客人。

由於兩人意見相左，所以經常發生口角，每當自己的意見未被採納時，賢宇就會用擺爛的態度來表達自己的不滿。不僅三天兩頭遲到，還經常以自己有急事為由而蹺班。更因為他認為要跟左鄰右舍打好關係才能生意興隆，所以總是在未經商量的情況下就擅自幫客人打折。以往兩人稱兄道弟的時候，智祐從未見過賢宇這副沒責任感的模樣。有時智祐忍不住叨念他幾句，兩人的衝突就越來越頻繁了。某一天，賢宇一氣之下就辭職不幹，隨即離開了咖啡館。不久後，智祐從其他朋友那裡得知，賢宇四處散布不利於他的消息，兩人的關係就逐漸惡化到無法挽回的地步了。

「與其說是生氣，不如說是感到很空虛。當然我也有不對的地方，不過他也不能說走就走啊！畢竟是二十年的老朋友了，他竟然還到處說我的不是……」

話說到一半就說不下去的智祐，臉色就像夜幕低垂時的天色一樣黯淡無光，顯得無限淒涼。

過於自在的相處，是問題所在

老朋友之間出現爭吵，最大的原因正是因為相處時過於自在。因為對方越是感到自在，就越容易展現在平時不會在他人面前展露的那一面。由於彼此很熟悉，所以說話變得很隨便，或是自以為足夠了解對方而輕易做出判斷，以至於做出過於草率的行為。當矛盾發生時，多數人不會以理性的態度明辨是非，而是會出現「你怎麼能夠這樣對我」的情緒性反應。這種粗魯自私的形象，並不會隨意在他人面前展現，反而只會讓長期積累信任的知己看到，這也是關係中的一種悖論。

相處時過度的自在感，就像一種「關係的毒品」。如果用數值來表示人的快樂指數，那麼可以讓快樂指數達到最高分的東西就是毒品。毒品可以帶來忘記痛苦的快樂，但我們的社會嚴格禁止使用，主要就是因為它會引發讓人身心快速崩潰的中毒症狀。無法控制的快樂，就像是一種毒藥，由於大家都很清楚這種毒性，所以我們不會去碰它，也不想取得它。不過有些意料之外的行為，其實也像毒性很強的毒品一樣，會讓人慢慢上癮，那種行為就是相處時的自在感。

相處時的自在感也像毒品一樣具有強烈的中毒性。感覺越自在，就越會對所有令自己感到不舒服的制約產生反感，想要隨心所欲的欲望就會越來越強烈。但漸漸地，不知從何時開始，維持關係的最後那條禮儀之繩也解開了，無意間就會帶給對方深深的傷害。

如果智祐和賢宇只是普通的老闆和經理的關係，應該就不會發生那麼大的爭執。當老闆不接受自己提出的意見時，一般的經理通常不會一言不合就轉身離開。相反地，一般的老闆也不會對僱傭關係的經理過於依賴，大小事都去詢問經理的意見。然而，他們反倒因為彼此交情深厚，才會越過了人與人相處的那條界線，做出了無禮且讓對方感到負擔的行為。

古董與廢棄物的差異

長期相處下來的友誼關係，有可能成為珍貴的古董，也可能成為必須丟掉的廢棄物。要將老舊的物品定義為古董或廢棄物，標準是看你「如何對待它」來做決定。沒有人會隨意對待深具意義的古董，總是擔心它會不小心受到破壞或損傷，因此會放置在安全的地方仔細保管。萬一出現損壞，即使花大錢也要修復，盡力使它恢復原貌。但是對於馬上就要丟掉的廢棄物就不會這樣處理了，由於認定它用過後就要立刻丟棄，因此隨著時間越長，反而越容易採用隨意和粗暴的態度去對待它。

照顧古董其實是一件很麻煩的事。不過這種麻煩並不是處理無用之物時的厭惡感，而是因為要小心對待而產生的一種謹慎態度。正因如此，內心反而會充滿照顧珍貴之物的自豪和滿足感。

如果想與朋友維持和平的關係，同樣需要這種謹慎的態度。比起因為相處過於自在而隨意對待他人，還不如保持謹慎態度，像照顧古董一樣關照對方，才是維持良好關係的長久之計。

越是長久的關係，就越要摒棄「相處時自在就好，不需要保持謹慎態度」的偏見。越是珍惜、珍貴且重要又有價值的對象，反而越不能隨意地對待對方。不要將這種謹慎態度視為讓自己感到疲憊的痛苦，而是要把它看作是減少犯錯的一種安全裝置。

聽了智祐的故事後，不禁讓人感到遺憾，但同時也想到，若是智祐當初沒有一口拒絕賢宇的提議，而是用鄭重的態度說服他，結果又會如何呢？同樣地，如果賢宇在表達自己的意見前，能先傾聽和揣測智祐的想法與意見，最後是否就不會關係破裂了？若是真能如此，那麼這兩個人也許就能一起克服困難，建立一段如同古董般歷久彌新的美好友誼吧！

仔細想想，讓我們讚嘆不已的優秀創作品，多數都是在創作者刻苦耐勞和自我節制之下完成的，創作者在過程中一刻也不曾享受過安逸。我們的身體也是一樣，打直腰背、伸展頸部以及端正坐姿是維持健康身體的不二法門。但我們總是忍不住彎腰駝背、讓頸部前傾以及蹺著二郎腿，導致脊椎彎曲並且破壞身體的平衡，進而引發各種疾病。

越是珍貴的關係，就越要把它當成古董來對待，從小心翼翼的相處中獲得滿足感。當自己越是謹慎與忍耐，對方就會覺得自己受到始終如一的尊重。若是想要感受舒適自在，請在獨自一人時再盡情享受吧！在維持長久的關係時，請盡量表現出一種「親近卻不失禮」的態度。若能做到這點，雙方的關係就不會變成破舊而必須丟掉的廢棄物，而是能成為隨著時光流逝卻益發閃耀的珍貴古董。

關係也有不同的體質

戀愛的欲望

戀愛的欲望是永無止境的。特別是隨著兩人的感情加深，自然就會產生更多的欲望，這也是愛情最重要的元素之一。希望對方能為自己做的事、想要對方配合自己的事，會源源不絕地滋生，範圍甚至可以覆蓋日常生活中的所有領域。

放在一般關係中，會被視為不合常理的欲望，在戀愛中則被稱為「關心」，而且還是一個衡量彼此愛意的重要標準。為了證明自己的真心，戀愛中的人們必須努力承受各式各樣的關懷和犧牲。如果不這麼做，就無法向對方提出愛的鐵證。因此，身處戀愛中的男女，人人都不得不成為欲望的俘虜。

人類的欲望，大致上可以分為「好的欲望」和「壞的欲望」兩種。好的欲望，是指想要學習對方身上的優點，想成為像對方一樣優秀的人，是一種促進自身成長的欲望，同時也希望對方能夠因為自己而變成更好的人。這種欲望會讓兩人的關係更加愉快，你會慶幸因為有對方的存在，讓自己鼓起勇氣去嘗試從未做過的事，自己全身上下也會散發出前所未有的正能量。

壞的欲望，則是你想拿對方身上的東西來填補自身的不足之處。例如為了解決經濟上的困頓，私自挪用對方的錢財；隨心所欲地去破壞對方的夢想和希望；利用對方的權力或名氣來突顯自己；或是強迫對方去做他不想做的事情等等。最終的目的，都是企圖用自己的想法來操縱對方。

表達欲望的態度很重要

如果想建立一段健康的關係，我們就要靠近好的欲望，遠離壞的欲望。然而，欲望並不是自己能夠隨意控制的東西，因此與其想要完全控制自身的欲望，不如學著將難以控制的欲望用最好的方式表現出來。有時候，比起用挖苦的語氣來表達好的欲望，盡量用真誠的態度來解釋壞的欲望，反而會對這段關係帶來更好的影響。

舉例來說，想要補足自身不足的欲望上升時，你可能就會表現出剝奪對方，或認為對方付出的一切都是理所當然的樣子，那麼這種態度可能就會轉變成一種破壞彼此關係的暴力。

相反地，若是能夠好好地說明自身缺乏的東西，並且努力讓對方產生共鳴，讓他知道填補這個不足之處是一件很重要的事，那麼也許對方反而會盡一己之力提供幫助。

表達欲望的方式，會決定你面對這段關係的態度。當關係越深，比起對於外貌和個性的偏好，看待對方的態度會對這段關係產生更大的影響。如果雙方表達欲望的方式不一致，那麼就會像缺一角的拼圖一樣，無法談一場默契十足的戀愛。所以人們才會說談戀愛不容易，因為關於面對關係的態度，如果沒有親自去了解對方的每一種面貌，你就無從得知正確答案。

不過，這不意味著我們只能束手無策。為了談一場美好的戀愛，我們可以找出幾個適用的模式，來了解對方喜歡以何種方式表達自己的內心，而自己又喜歡用哪種方式來傳達心意。

關係的四個體質

我經常把對於關係的態度比喻為「體質」。說到體質，首先想到的就是食物，若是想要維持健康，我們就必須食用符合自身體質的食物。體質偏寒的人，若是吃到寒涼性的食物，無論把食物烹調得多麼美味，吃了還是可能會出問題。雖然我們不至於因為食物屬性和自身體質不合，就對那些食物產生排斥；況且自己偏愛的料理中，也可能包含很多不符合體質的食物。只是偶爾吃一吃，也許對身體不會造成太大的負擔，但如果是長時間食用，就必定會對身體帶來負面影響。

戀愛關係也是同樣的道理。無論對方是多有魅力的理想對象，若是不符合你的關係體質，那麼隨著交往時間越長，相處只會變得越來越不自在，更可能會經常發生嚴重的爭吵。

關係的體質大致上可分為：「本能體質」、「理性體質」、「感性體質」以及「現實體質」。其分類標準是以古希臘哲學家恩培多克勒（Empedocles）的「四大元素理論」為基礎，所制定的原始心靈分類法。恩培多克勒認為世界的本質是火、空氣、水以及土，如果將他的理論代入人的內心，那麼火就象徵著「本能的熱情」，空氣意味著「理性」，水代表著「感性」，泥土則是象徵「現實性」。這四種體質的人，在「個人傾向」、「關係傾向」以及「社會傾向」的個別表現，如左列所示。

體質／領域	個人傾向	關係傾向	社會傾向
① 本能體質	自我表現	自我炫耀	追求理想
② 理性體質	知識層面的滿足	合理平衡	原則與獨立

③感性體質	情緒層面的滿足	共鳴與關懷	慈悲與寬恕
④現實體質	擁有與安定	成長與利益	追求權力

「本能體質」的人，會在個人領域滿足自我表現的欲望，希望自己成為一個不管想吃什麼、想做什麼以及想要享受什麼，都能果敢表現出來的「自己」。在與他人建立關係時，首先會希望對方能夠認同自己，並期許自己在社會上能夠成為朝著遠大夢想邁進的開拓者或先驅者。

「理性體質」的人，在個人領域裡追求知識層面的滿足，在建立關係時希望維持一種不偏向任何一方的平衡感。在社會上則想要成為遵守原則、不受舊習影響並且追求合理性的獨立個體。

「感性體質」的人，在個人領域重視情緒層面的滿足，在建立關係時希望透過共鳴和關懷建立感情紐帶。在社會上則希望被他人視為慈悲和溫暖的人。

「現實體質」的人，在個人領域擁有穩定的生活時，會對自身的一切感到滿足。在建立關係時，由於追求的是自我成長，因此期望能夠建立有助於自我發展的關係。為了滿足這個願望，會致力於成為社會上的掌權者或是專家。

與陌生人建立關係時，

不是採取抗議的方式，

而是要嘗試溝通，

最重要的是去理解對方究竟想要什麼。

根據關係體質，建立不同的溝通方式

本能體質：忠於本能才會感到滿足

本能體質，是一種忠於自身本能時才會感到滿足的關係類型。這裡說的本能包括了性慾、支配欲以及暴力等原始欲望。這種類型的人會想支配對方，也會採取粗暴的手段對待對方，強烈地呈現出「你是我的」的占有欲。對於本能體質的人來說，現實條件和理性判斷並無法帶給他們太大的共鳴。他們是「愛情荷爾蒙限期兩年」的忠實信仰者，意思是他們十分支持「相愛時分泌的多巴胺最多只能維持兩年」的理論。他們以此為據，將戀愛中移情別戀或婚外情當成理所當然的事。

西班牙畫家巴勃羅．畢卡索（Pablo Picasso）正是本能體質的代表者。

據說光是正式承認過的交往對象就有七位之多，可說他將戀愛當作藝術靈感的源泉。他透過戀愛獲得肉體上的快樂和對藝術的熱情，並且將這種能量原封不動地反映在他的畫作中，所以每當他更換戀愛對象時，畫風也會跟著產生變化。分手時他都會以「現在你再也無法帶給我藝術靈感了」為由而離開對方。為了忠於藝術本能而展現的戀愛熱情，對他而言就是所謂的愛情。

本能體質的人不願被關係束縛，他會不斷地想與新的對象交往，嘗試各種不同的愛情，而且將這樣的欲望視為理所當然。本能體質的人認為在一段關係中，最重要的不是「我們」，而是「我」。他們相信唯有朝著「讓自己幸福、閃耀並追求所愛」的理想前進，才能建立一段良好的關係。

不過，他們也不是只有自私的一面。性格就像赤兔馬一樣桀驁不馴的他們，即使面對重重難關也能展現毫不畏懼的拚勁，所以跟他們相處時總能體驗到煙火般絢爛愉悅的愛情。此外，他們在哲學和宗教領域也會表現出強烈的信念，因此若是與他們成為戀人，就會感覺自己內心裡沉睡的熱情與信念被喚醒，在互相激勵的作用下產生加乘效果。

能夠對他人的欲望產生共鳴，並且在一旁給予支持的感性體質者，一般來說可與本能體質的人維持良好的關係。但是對於重視現實安定的現實體質者，以及明確分辨是非的理性體質者來說，與本能體質者在建立關係上就會遇到許多困難。

理性體質：需要滿足對知識的好奇心

理性體質的人，會把對方和自己當作不同的存在來建立關係，在關係裡，他重視的也不是「我們」，而是「我」。他們認為「我」是獨立的存在，因此不管是誰都有權利追求不受約束的自由。基於愛好自由的本性，他們在戀愛中也會對戀人以外的其他異性產生各種好奇心和興趣。

法國存在主義哲學家尚－保羅．沙特（Jean-Paul Sartre）與哲學家西蒙．波娃（Simone de Beauvoir）的關係，就完美地詮釋了理性體質者之間的戀愛。他們從一九二九年開始到沙特去世的一九八〇年為止，足足維持了五十年的婚姻生活，並且一直保持著良好的關係。他們的關係之所以特別，是因為他們並沒有實際結婚，而是一段契約婚姻。當時在法國社會引起巨大風波的契約婚姻內容如下。

- 同意對方擁有與他人戀愛的權利
- 雙方不應互相欺騙
- 經濟各自獨立

契約的核心是認同彼此的自由，不能拘束對方。雖然風流成性的沙特曾與多名女子交往，但波娃遵守契約而不過於在意，同時她也與自己的學生談過幾段深刻的戀情。當然，過程中也曾有出於本能的嫉妒，不過並沒有達到動搖這段關係的程度。他們未曾同居，也沒有生育孩子，取而代之的是每天見面、談話以及討論，進行有深度的知識交流。尤其是在討論關於社會和文化的時候，他們是一對最契合的伴侶。

對於理性體質的人來說，對方是否擁有跟自己同樣的哲學和信念才是最重要的關係指標。就像能夠明顯區分的政治色彩一樣，他們會用是否與自己站在同一陣線來決定關係的親疏遠近。因此很多理性體質者的戀人，都是他們身邊的同事或志同道合的人。

他們會將戀人視為同等的獨立人格，來進行公平的交流。對於「因為是女人」或「因為是男人」而給予不公平對待的人們會感到憤怒，而這也是理性體質者的一大特徵。此外，他們尤其重視個人領域的隱私，對於以戀人身分為由而窺視手機或郵件的行為感到十分厭惡。

感性體質：期待情感的連結

感性體質的人，認為彼此之間存在著看不見的情感連結，他們珍惜眼淚的價值，對於不符合常理的事也能用悲天憫人的愛心去包容，它是四種體質當中唯一重視「我們」勝於「我」的人。感性體質的人在戀愛時，認為能夠進行情感交流的共鳴和溝通是最重要的價值。而情感的交流是從瑣碎的小事開始的，他們可以從「你在哪裡吃飯？你要去哪裡？」等日常對話中，得到被對方關注的安全感。即使這段感情沒有結果，他也會被努力的過程感動，進而毫不吝嗇地給予對方支持。

以〈歸天〉詩作聞名於世的詩人千祥炳（천상병），其夫人睦順玉（목순옥）女士正是感性體質的代表人物。一九六七年，千祥炳捲入一樁捏造的間諜事件，即「東柏林事件」*而被強制移送中央情報部，並遭受了各種拷問。由於當時的拷問過程十分殘酷，千祥炳詩人留下了難以治癒的後遺症。為了忘記這些痛苦，他開始用酒精麻痺自己，甚至因為酒精中毒而被送進精神病院。在如此令人絕望的時期，他好友的妹妹睦順玉女士卻毅然決然答應照顧委靡不振的詩人，並決心與他一起過下半輩子。她認

＊一九六七年韓國中央情報部懷疑旅居歐洲的韓籍教授與留學生，跟當時位於東柏林的北韓大使館有接觸，故以企圖從事間諜活動及訪問北韓的罪名，逮捕、拷問一些相關人士。

為對方若是沒有自己，可能就無法過上正常的生活，所以用母親照顧孩子的心情留在詩人身邊。一直到詩人因為肝硬化去世為止，睦女士都是一邊賺錢維持生計，一邊照顧身體虛弱的詩人，成為詩人能夠繼續寫詩創作的堅實依靠。

對於感性體質的人來說，比起熾熱如火的熱情，平靜如水的安定情感才是維持關係的重要因素。俗話常說的「日久生情」，是描述感性體質者最貼切的形容詞。他們追求的不是令人窒息的激情，而是希望成為彼此不可或缺的另一半。就像經年累月才能發酵的食物一樣，他們認為長久累積的深厚感情，才是一段關係中最完美的樣子。

乍看之下，睦順玉女士對千祥炳詩人的愛情，似乎是一種過度犧牲的不幸。但這只不過是現實體質者和理性體質者的觀點罷了，因為他們無法理解感性體質者的本質。對她而言，她不但遇到了值得自己尊敬的對象，而且還有機會照顧對方，在這段感情中她可以盡其所能地發揮自己的天分，進而擁有一份極其幸福的愛情。感性體質者的犧牲和關懷，對於理性體質的人而言，可能只是為了討好他人而不顧自身的無效付出。因此感性體質者與理性體質者的相遇，就像兩列背道而馳的火車一樣，很容易因為找不到感情上的共同點，成為一段形同陌路的不安關係。

現實體質：追求實際的利益

對現實體質的人來說，從一段關係中能獲得多少利益，才是他們最重視的價值。他們認為透過交往能夠獲得物質上的富足與安定的生活，才是戀愛裡最重要的意義。即使心臟沒有跳動的感覺、與對方無法產生共鳴，或是彼此的人生哲學不同也沒關係。他們認為只要能住進好房子、擁有穩定的收入，並且過上富足而雍容的生活，自然而然就可以滿足內心的需求。而且只要擁有經濟上的安全感，即使心裡有些不自在，他們也會認為這是一段還不錯的關係，值得他們長久地維持下去。對他們而言，戀愛就像是一種投資，因此當對方的成長性或經濟能力受到質疑，他們就會像投資者的心態一樣變得退卻，導致這段關係難以為繼。

設計師于貝爾・德・紀梵希（Hubert De Givenchy）與以電影《羅馬假期》而聞名的奧黛麗・赫本（Audrey Hepburn）的關係，就可以看出現實體質者的戀愛特徵。紀梵希並不是以模特兒為目標，而是以製作一般女性每天都能穿的實用服飾為設計宗旨，為此奉獻了他的一生。他時常說著「衣服的完美並非由人體模型來呈現，而是當顧客穿上的那一刻才會出現」，展現著他追求現實之美的特質。當現實體質者紀梵希在工作室第一次見到二十四歲的赫本後，一直到她去世為止，兩人維持了四十年的美好情誼，他們是結合了愛情與友情的靈魂伴侶。紀梵希說當他和赫本在一起的時候，總會出現充滿創意的想法，從她身上獲得了很多靈感，他也因此製作出不計其數的流行單品。他們共同合作了八部電影，為赫本設計了許多獨一無二的服飾。每當遇到困難時，他們也是彼此依靠的對象。

但他們之間總是保持著適當的距離。赫本歷經兩次婚姻失敗，在她獨自撫養兩個孩子的時候，單身的紀梵希也只是在身後默默地守護她，並沒有更多的念頭。紀梵希之所以沒在現實世界中拉近與赫本的距離，是因為他個人對於戀愛的信念。他知道一旦「設計師和繆斯女神」的關係破裂，就必須面臨現實生活中衍生的各種問題。也許紀梵希並不想要赫本成為自己的妻子，而是希望她永遠都是一名閃閃發光的演員。

現實體質者在戀愛關係中追求的實際與利益，有時會遭到過於算計的批評。不過正是因為準確地計算，才讓他知道該怎麼做才有助於自己的成長和發展。同時也喚醒了他的經營直覺，讓他學習到何謂物質的珍貴與資本的力量。

根據對方的體質來決定態度

從對方的體質類別，可大致推測出要用什麼樣的態度去對待他。該如何與對方溝通、對方重視的是什麼，以及想要得到什麼樣的安慰等等，只要從對方偏好的體質或是他與生俱來的體質來判斷，就可以理解。體質相異的關係經常會出現無法溝通的狀態，有時還會覺得自己好像在跟不同次元的人談話。讓我們以現實體質和感性體質之間的對話作為例子。

A：「今天有什麼事情嗎？」

B：「我今天快要累死了。」

A：「怎麼了？發生什麼事了嗎？」

B：「今天的事情好多，花了一整天的時間處理，頭好痛。」

A：「是嗎？那你一定很累，吃過藥了嗎？」

B：「沒有，還不到需要吃藥的程度。」

A：「你還是吃點頭痛藥吧。」

B：「知道了。」

A：「……」

B：「你還有什麼事要跟我說嗎？」

A：「嗯？除了頭痛，今天沒什麼其他的事情吧？」

從對話中可以看出，A是把焦點放在實際生活中發生什麼事的現實體質者，而B則是想把疲憊不堪的心情傳達給他人的感性體質者。現實體質者想解決的是頭痛的問題，而感性體質者則希望得到他人的安慰。因此若是對話繼續進行下去，很可能會像兩條平行線一樣，永遠找不到彼此的交會點。

對於現實體質者來說，想對感性體質者的感受產生共鳴是一件很困難的事；然而對於感性體質者而言，他們往往認為現實體質者最重視的實質性對策只是次要的事情。想解決他們在溝通上的問題並不是一件簡單的事，因為這無關說話技巧的優劣，而是關係到他們看待這個社會的世界觀差異。因此，要求現實體質者要多設身處地為他人著想，或是要求感性體質者多為對方提供實際可行的對策，這些都不是好的溝通方式。其實，每個人都不需要為了迎合對方而付出超出必要的努力，只要盡量不提出讓對方感到為難的請求，並試著用他人的角度來看待對方所遇到的問題，如此一來或許就能體驗到意料之外的獨特觀點。若能做到這樣，即使體質不同也不會互相責怪，反而能夠維持良好的關係。

接著從本能體質C和理性體質D的對話中，我們也能看到因為截然不同的特質而互相指責，甚至引起爭吵的畫面。

C：「這次我們去旅行要做什麼呢？」

D：「我先安排一下行程。等一下我會把住宿、美食餐廳、景點以及需要購買的物品等整理成清單寄給你。」

C：「嗯……雖然計畫完善的旅行很好，但這次我們先決定住宿就好，其他的行程到了之後再來安排，你覺得如何？這樣是不是更好玩？」

D：「不行，這樣下去有可能什麼都做不了，只是白白浪費時間而已。就算把行程安排得面面俱到，去了之後也可能因為變數而驚慌失措，更別說是漫無目的的旅行了，萬一途中出了差錯怎麼辦？」

C：「措手不及也是旅行的樂趣之一。每天生活在固定的框架裡已經夠煩了，去旅行的時候不能過得自由一點嗎？」

D：「什麼？那算什麼旅行啊？根本只是去吃苦的。不然我盡可能把行程安排得寬鬆一點，多找一些不同的替代方案吧。」

C：「哎，隨便你。本來去旅行應該是一件開心的事，可是現在卻覺得很鬱悶……」

理性體質的D偏好制定完善的計畫，他認為去旅行的時候也要按照縝密的計畫行動。但是本能體質的C卻喜歡根據當下的心情來決定行程，例如本來要去山上旅遊，可是在前往的途中看到了遠處的大海，心念一轉馬上更改目的地，這就是本能體質者的特性。在理性體質者的眼裡看來，本能體質者似乎過於輕率隨興，但就本能體質者而言，理性體質者卻顯得過於死板而冷漠。在上述例子裡，理性體質的D在C的心情恢復之前，若是能夠別再強調「計畫」的重要性，他們之間就不會再出現磨擦。而本能體質的C若是能夠克制住自己的情緒，稍微對旅行計畫有更多的共鳴，想必他們也不會繼續爭執下去。

但是這樣的共鳴並不是嘴上說的那麼簡單。如果只是偶爾見面的關係，也許還能夠接受對方的意見，假如是每天都必須見面的關係，那麼持續地讓步會在心裡累積成壓力，最後成為根深柢固的矛盾來源。因此，不同體質之間的相遇，唯有透過不斷地忍耐和努力，才能維持圓滿的關係。

然而，這不表示我們每個人的身上都只有一種體質傾向，因為人的內心是由四種體質組合而成的。只是每種特性的體質所占的比例不同，最後由這些比例的多寡來決定顯露於外的體質傾向。所以如果我們能知道自己與對方的體質比例，那麼我們就可以很容易地理解對方的行為模式。以下是不同體質之間的關係融洽度。

體質	本能	理性	感性	現實
本能	◎	×	○	△

理性	×	◎	△	○
感性	○	△	◎	×
現實	△	○	×	◎

◎非常好 ○好 △普通 ×不良

不同體質的人，只要吃著各自喜歡的食物，就可以一起享受愉快的晚餐。因此，即便關係體質各異，也可以幸福地攜手前行，為此我們需要有一段了解彼此的過程。首先是必須理解各自的表現方式是什麼，以及對方是用什麼樣的態度與他人建立關係等等。即使只是互相磨擦而產生的些微不快，我們也要慎重看待，把它當作是難以克服的課題，而不只是單純的小問題。若理性體質的戀人努力地想與感性體質的人產生共鳴，就不該把這一切看作是理性者身為戀人而做的義務性關懷，而要將其視為一種超越自身天性的崇高努力。

反之，如果輕忽彼此之間的磨擦，並且總是強迫對方改變，那麼兩人的關係就會逐漸變質，總有一天會演變成一發不可收拾的局面。如實理解對方原有的樣子並給予共鳴，才是建立幸福關係的基礎。這道理雖然很簡單，卻是世間不變的真理。不要試圖從對方身上找答案，而是要從自己的體質裡去尋找能夠包容對方的解決之道。唯有這麼做，我們才能磊落地展現自身原有的欲望和態度，並且要求對方也能夠去珍愛最真實的自己。

Chapter 4 命運

面對變幻莫測的關係

當我能夠明白他出現在我身邊的意義時，

關係中的痛苦和不幸，

就會產生截然不同的正向共鳴。

如何看待短暫而深刻的緣分？

一首歌背後的故事

韓國音樂團體「Free Style」是一九九九年出道的嘻哈二人組。出道後並沒有獲得太大的名氣，直到二〇〇三年發表了一首〈y〉才出現轉機，原本不受期待的歌曲竟然獲得了很高的人氣，還成為了社群網站 Cyworld 裡最受歡迎的背景音樂。

〈y〉這首歌，以客座女主唱鄭熙京（정희경，音譯）乾淨清澈的音色作為開端。其實整首歌最耀眼的部分，正是在男性二人組吟唱般的旋律中，加入了清新的女聲。難以模仿的美麗音色與流水般的旋律，形成了無法取代的完美搭配。

但是將這首歌做出完美詮釋的歌手鄭熙京，卻在錄音結束後對外宣布今後不再唱這首歌，並從此消失在螢光幕前。因此後來 Free Style 在表演〈y〉的時候，只好找別的歌手代替她客串演唱。據說 Free Style 曾想過找她回來一起演唱，但始終無法聯繫上她。漸漸被世人遺忘的鄭熙京，在唱片發行十六年之後，竟然又出現在電視節目中，這是她第一次也是最後一次與 Free Style 一起唱歌。在節目中她終於解釋了自己先前之所以不再唱〈y〉的原因。

「我從一開始就不喜歡這首歌，它並不是我喜歡的音樂類型。因為不想用討厭的歌曲讓自己出名，所以就選擇了逃跑……」

沒想到廣受人們喜愛的動人歌曲，竟然是演唱者本人最反感的音樂類型，以至於十六年來她一直在逃避。雖然此後她仍然繼續從事音樂工作，可是卻沒有取得亮眼的成績，外界對她的印象依然是演唱〈y〉的鄭熙京。推出〈y〉之後，Free Style 雖然也在樂壇上繼續努力，卻也沒有再創作出超越這首歌的作品。鄭熙京和 Free Style，他們應該都沒料到這首讓客座歌手逃跑的曲子，最終居然成了讓他們聲名大噪的名曲吧！

緣分的意義

他們的關係曾經密切到可以一起合唱的程度，但這十六年來卻從未一起唱過這首歌，究竟 Free Style 和鄭熙京是什麼樣的關係呢？如果想要探究答案，就應該跳脫邏輯思考的範圍，從「緣分」的角度來尋求解答。

我們經常聽到一句話叫做「衣袖相拂也是一種緣分」，小時候總是直接把衣袖想成外套的袖子，所以聽到這句話時內心感到很驚訝。

「原來結下緣分是一件這麼容易的事嗎？」

那為何非要創造出「緣分」這樣的詞彙，讓人以為這是一種脫離個人意志的未知相遇呢？

不過，這個疑問很快就解開了。有一個說法是，古代韓服中的衣袖是連到領口的，所以衣袖也指環繞著頸部的衣領。這麼一來，想要衣袖相拂的話，就得彼此緊緊抱住對方才做得到。而這樣的姿勢就算是感情再好的朋友也不容易做到，所以說締結緣分並不是一件簡單的事*。

環顧四周的人際關係，大部分都會為了自身利益而與他人保持適當的距離，唯有在需要對方的時候才會絞盡腦汁靠近。在這樣的社會裡，大家只把緣分當成是一種稀鬆平常的關係，這點讓人感到惋惜。不過另一方面也為此感到慶幸，至少緣分超越了那些鉤心鬥角的相遇，被視為是一種具有特殊意義的關係。

完成使命後即消逝的緣分

緣分中也有特別難以解釋的相遇，我稱之為「角色緣分」，像風吹過

---

*另有「擦肩而過也是一種緣分」的解釋。

就消失的緣分。雙方可能因為在對方生命中扮演著某種角色而相識，就像鄭熙京與 Free Style 結下的關係那樣，而當事情完成後這段關係就結束了。如同舞臺劇演員在表演落幕後就必須離開舞臺一樣，完成自己的使命後，這段緣分就劃上了句點。

生活在各種錯綜複雜的關係中，有時候會出現明明沒有理由喜歡上對方，可是卻像有人在背後推波助瀾那樣，莫名地想要靠近對方。甚至為了見上一面，即使是心不甘情不願的事也會去做，彷彿被什麼無形的東西給迷惑。至於為何要與他見面、為什麼要去做那些事，自己也說不出確切原因，只覺得應該這麼做，在茫然不知所措的情況下被拉著鼻子往前走。

鄭熙京因為擔任客座女主唱而認識了 Free Style，在錄製完歌曲後又重新走回自己的路；而 Free Style 則扮演著讓鄭熙京演唱這首歌的角色，任務結束後他們也走回屬於他們的路。一般來說，即使演唱者對歌曲不滿意，也會考慮到喜歡這首歌而跟著哼唱的狂熱粉絲們，而改變心意重新登上舞臺。但鄭熙京和 Free Style 並未做出這樣的選擇，他們之間並沒什麼特別的矛盾或金錢糾紛，只因為個人意願而做出這種令人出乎意料的決定。製造出這種狀況的力量，正是角色緣分的引力。

倘若鄭熙京硬是勉強自己留下來與 Free Style 登臺演出，結果又會如何呢？她的人生會變得更幸福嗎？答案應該是不會。因為她可能會對自己的認同感產生疑問，對於以不喜歡的歌曲被世人所知這件事感到痛苦。相反地，Free Style 也可能與強烈主張個人風格的鄭熙京發生衝突，給彼此帶來傷害，最後演變成老死不相往來的關係。雖然誰也無法得知正確答案，但是當時他們分道揚鑣，或許對所有人來說都是最好的選擇。

所謂的角色緣分，通常是在扮演的角色結束後，就不會再被對方吸引。即使這段關係對自己產生了很大的影響，或者是留下了思念，也不會為了抓住對方而採取積極的行動，而是自然而然地相互疏遠。因此有人把這種微妙的吸引解釋為「神的計畫」，也有人稱它為「神緣」。若你感覺到某個人是你的角色緣分，那麼你也可以把他看成是上天派來與你結緣的特別之人。

用「緣分」改變人生的方向

每個人都會遇到這種神緣般的關係，當然我也不例外。我第一次見到她是在大學三年級的時候，那時的我在學系辦公室當工讀生，當時是大一學妹的她突然來到辦公室並向我搭話。

「學長，要不要一起學習古代的哲學經典？我想先從《論語》和《孟子》開始，所以打算找一些有興趣的同學組成一個讀書會，希望你務必鼎力相助。」

素未謀面的學妹對我這個人應該一無所知，突如其來的邀約讓我感到很驚慌，而且居然還是我從未接觸過的《論語》……

「不過，學妹你認識我嗎？」

「不認識，雖然我們不認識，可是我詢問學姊們誰最適合一起學習，她們一致推薦了你，所以才會突然找上門來。」

由於被她唐突的舉動嚇了一跳，我只回了一句「知道了」，就沒多說什麼。後來卻發生了很奇妙的事，雖然一開始完全沒有想要一起學習的想法，但是越想越覺得這麼做好像也不錯，這件事慢慢地對我產生了微妙的吸引力。而且隨著時間經過，吸引我的力量變得越來越強烈。過了幾天後，我拿起電話撥給她，答應了她的邀約。當然這對我而言仍舊是一個很衝動的決定。

只是沒想到，那天的決定竟然開啟了我長達十七年的經典學習之路，因為這個機會讓我知道了經典的世界是多麼地有趣和迷人。當時的學習，不但讓我打開了眼界，也為學習東方哲學思想打下了穩固的基礎。從中獲取的經驗，甚至改變了我人生的道路，如果沒有那一天的決定，也許就沒有現在的我。

至於那位學妹，讀書會成立不到一年她就退出了聚會，從此消失不見。她後來還辦理了休學，因此也跟她斷了聯繫，完全不知道她的去向。如果當時積極地去找她聊聊，或許還有見面的機會，不過我卻沒有付諸行動。她的消失對我來說是一件令人惋惜和懷念的事，但是我的關心也只能做到這裡了。

學妹確實發揮了她的角色作用，指引我走向另一個世界的嶄新道路。而她完成了角色任務後，就像風一樣地消失了。偶爾我會想起這位學妹，也很好奇自己對她來說是一個什麼樣的角色。希望有一天能與她再次相遇，一起聊聊過往的回憶。距離當時已經過了很長一段時間了，希望下次不是以角色緣分的關係見面，而是以能夠長長久久的緣分重新認識，成為能夠互相問候的關係。

有人把這種微妙的吸引稱為「神緣」，

若你感覺到某個人是你的角色緣分，

你可以把他看成是上天派來與你結緣的人。

面對生命中的冤家

想剪也剪不斷的緣分

緣分之中存在著各式各樣的面貌。如果先前提到的「角色緣分」代表毫不留戀的淡然關係，那麼與其完全相反的，就是最執著也最不容易分手的「壞曜」關係。壞曜，是韓國密宗口頭相傳的語彙，意思是雖然極度厭惡對方，但同時也瘋狂愛著對方的極端愛憎關係。有時甚至是一方崩潰，另一方也會隨之潰敗的可怕命運關係。

壞曜的特徵，是看到對方的第一眼，就產生了一見鍾情的感覺。不過，當下不僅是被對方自帶光環的氣質吸引，還同時帶有「誰會跟這種奇怪的人交往」的否定情緒。最終卻還是會因為心生好感而不顧一切地投入，但又難以避免那份強烈的排斥感增生，進而由愛生恨，演變成自相矛盾的局面。

在如此強烈的吸引下，兩人的相遇會發生什麼事呢？一開始會特意放大對方的缺點，原先認為很迷人的對象，實際見面後卻覺得對方長得不怎麼樣，個性上也有很多缺點，似乎很難繼續發展。不過，如果因為感到失望而轉身就走，一股前所未有的思念之情又會在此刻突然湧上，讓人迫切地想與對方見面談話。這種情感，就像經過反覆結凍、融化又風乾而產生濃厚滋味的明太魚一樣，在不斷的震波起伏下逐漸加深彼此的感情。

激烈糾纏的情感

說到壞曜關係，最具代表性的人物就是義大利畫家亞美迪歐・莫迪利亞尼（Amedeo Modigliani）與他的妻子珍妮・赫布特尼（Jeanne Hebuterne）。莫迪利亞尼自幼體弱多病，長期生活在窮困與疾病之中，並且沉迷於菸酒和女人。比他小十四歲的赫布特尼，卻是從小在虔誠的天主教家庭中長大的文靜女子。即便兩人差異甚大，卻在初次見面時瞬間就墜入愛河。赫布特尼的家人強烈反對兩人交往，卻還是無法阻止他們的愛情日益增長。

莫迪利亞尼與赫布特尼交往期間不曾停止他的放蕩生活，但他總是說赫布特尼才是他的最愛，並留下二十五幅描繪她的肖像畫。赫布特尼與莫迪利亞尼在一起的時候，必須飽受貧窮和恥辱的折磨，可是她無法轉身離開，自始至終都深愛著他，她甚至無法想像沒有他的生活，個中原因外人無從得知。獨占赫布特尼芳心的莫迪利亞尼，在三十五歲時就因腦膜炎離開人世，病故前一臉病容的他，握著赫布特尼的手留下了最後的遺言。

「赫布特尼，到了天堂也繼續當我的模特兒吧。」

聽到這句話的赫布特尼，翌日選擇從六樓公寓的窗戶一躍而下結束了生命。當時她的腹中還有一名八個月大的嬰兒。

壞曜是一種相當激烈的關係，彷彿世上只有他們兩人一樣，視野變得很狹隘，甚至恨不得將彼此吃進肚子裡。其實只要有一方能保持適當距離、多多考量現實情況，就不會發生這樣的悲劇，但是他們做不到，反而瘋狂地糾纏著對方，至死方休。

當壞曜的力量得到正向發揮

壞曜一詞也不全是負面涵義，有時它也會結出美麗的果實。當然，這必須發動極端的力量才做得到。不過，這股力量並非用在對方身上，而是要用來對抗妨礙彼此關係的外部世界。若是能發揮壞曜的力量，兩人將能齊心協力推倒妨礙關係的那面高牆。

最具代表性的例子，就是挪威國王哈拉爾五世（Haral V）。他還是王儲的時候，曾經對他的父親奧拉夫五世（Olav V）這樣說過。

「如果不能和這名女子結婚，那麼我便終身不娶。」

他與年齡相仿的平民女子宋雅．哈拉爾森（Sonya Haladesen）在九年的祕密戀愛後決定結婚。在此之前，挪威尚未出現過平民出身的王太子妃，皇室成員也很少有人能在自由戀愛下結婚。雖然父親堅決反對，但是哈拉爾王儲並沒有因此退縮。由於他是當時王室唯一的繼承人，在他的堅持下，父親不得不退讓，哈拉爾五世終於得以與宋雅王后結為連理。他的婚姻打破了固有慣例，也開創了新的先例，此後他成為歐洲皇室跨越身分或人種，勇於實現愛情的最佳榜樣。

壞曜也跟其他命運的關係一樣，端看我們如何運用吸引人心的命運力量，它就會產生截然不同的結果。上天只會將各種狀況拋給我們，卻不會去干涉我們會做出什麼樣的判斷與行動。雖然冥冥中能感受到某種吸引力，但是未來並不存在著任何具體的劇本。

克服壞曜的方法

如果想讓壞曜成為一段全新的關係，而不是演變成破裂的局面，遵守下列幾個原則是非常重要的事。

第一，兩人必須拓寬互相凝視的視野，讓自己的視野透過與他人的關係而擴大。將自己看到的世界與對方看到的結合在一起，就可以看到更加寬廣的新世界。當視野變得更廣闊，自己對於多樣化的生活面貌也能產生更多共鳴和包容。

壞曜關係的吸引力之所以危險，是因為在關係形成的瞬間，彼此的視野不是更寬廣，而是變得極端狹隘。變得狹窄的視野，會讓人忽略雙方保持適當距離的必要。認為「他就是我」，這種「自我同化」就會產生過度執著於對方的情況。有時因為視野過於狹隘，甚至連對方都看不到，眼中只看得到自己。這樣的話就無法顧及對方的內心，只看得到自己的欲望和感情，變成一種極端的利己之心。若是對方漸漸地比自己更傑出，你也不會對他的成長感到高興，反而會心生嫉妒，甚至暗自希望對方止步不前，好讓對方眼裡只有自己。

因此，要有意識地努力拓寬視野。即便你把對方的事當作自己的事，依然必須努力在情緒上保持適當的距離。拉開距離，才能擁有更寬廣的視野。即使他可以為你帶來快樂，但你不見得能夠成為他的快樂源泉。

在壞曜的緣分中，若是無法拓展自己的視野，依賴和執著的心就會蔓延到日常生活，造成彼此無法抹滅的傷痛。莫迪利亞尼雖然深愛著赫布特尼，但是卻毫無體諒赫布特尼的心意，只是沉溺在自己的藝術和快樂中，展現出一種極其自私和強迫性的面貌。如果莫迪利亞尼能夠感受到赫布特尼的不安和悲傷，試著為了她的幸福而努力，或許就不會出現悲劇性的結局了。

此外，假如赫布特尼能夠進一步拓寬自己的視野，在心理上與莫迪利亞尼保持適當距離，那麼她就能以客觀的角度來看待正在受苦的家人，以及自己瀕臨崩潰的人生。若能如此，也許她就不會輕易結束自己與腹中胎兒的生命。

為了拓寬視野，在建立關係的時候，就不能只考慮到自己，而是要用「我們」來當作思考的主軸；同時，務必要堅持保持適當的情緒距離。把「我不是他」與「他不是我」作為這段關係的關鍵詞，每天反覆背誦，直到銘記在心。創造一個對方無法涉足的個人領域，也是個很好的方法，像是每週安排一天不去思考對方的事，擁有一段屬於自己的時間。此外，不要被瞬間強烈的情感所淹沒，要去思考自身感情會對另一方產生什麼樣的影響，養成這種習慣很重要。用拓展視野的角度來看待這段關係，是避免壞曬走向歧途的第一道防線。

第二，別忘了關係就像硬幣有兩面一樣，對方固然有他的不足之處，但一定也有令你中意的優點。每當生氣或產生厭惡情緒的時候，務必要想盡辦法提醒自己，任何一段關係中都必然存在著兩面性。

在關係中表達情感，就像看著菜單挑選食物一樣。在流露出某種情感之前，內心會出現各式各樣的選擇，即便面臨同樣的情況，你卻可能會出現生氣、平靜或是害怕等不一樣的情緒表現。只不過這是一瞬間就決定的事，我們很難察覺到自己曾做過選擇。

之所以提到一段關係都有兩面的原因，是因為了解到這點，能幫助我們傾向於選擇正向的情感，不至於讓這段關係走向破裂的局面。也就是說，遇到問題時，請先回想對方讓這段感情變得幸福的各種優點，還有你在想念對方時出現的思念之情等等。如果能先在腦袋中思考、選擇自己想表達出來的感情，這段關係就等於有了第二道防線。

這兩道防線不僅對壞曜關係相當重要，在一般的關係中也有助於避免爭執。為了構築防線而付出的意志和努力，可以讓我們在如同重力般強而有力的因緣引力下，打造出一個能暫時脫離的無重力空間。雖然壞曜象徵著強迫與執著，但如果能夠善加利用，反而會成為擴展人生的積極力量。

心靈也會過敏

貓的過敏

「#貓咪#彩虹橋#真的真的對不起」

正洙養的愛貓「蝴蝶」過世了，他把這個消息上傳到社群網站，畫面中是一隻長眠的貓咪。不久前，正洙生日時收到一束百合花禮物，他把盛開的白色百合花插在花瓶裡，整個房間充滿了花的香氣。蝴蝶也對美麗的花朵感到好奇，不斷地在花瓶周圍徘徊。正洙把蝴蝶在花朵附近打轉的照片拍了下來，並且上傳到社群網站，與網友們一起分享了這段愉快的時光。可是他做夢也沒想到，蝴蝶和百合花一起入鏡的照片，竟然會成為牠的遺照。因為拍攝完這張照片的隔天，蝴蝶就去世了，醫院檢查出的死亡原因是百合花過敏。

百合花會讓貓中毒，如果程度嚴重，就會像蝴蝶一樣失去生命。愛貓人士都知道百合花和貓是一種相剋關係，但是正洙沒有養貓的經驗，所以他完全不知道這件事。為了避免這種悲劇再度發生，在考慮養寵物的時候，首要之務是學習關於動物的各種禁忌。否則無論你對寵物傾注了多少愛意，都會在一瞬間化為泡影。

就像貓一樣，人也會對各種東西產生過敏現象，過敏原種類繁多，從貝類海鮮、花生、牛奶到桃子等包羅萬象。過敏的特殊之處在於吃進某種食物之前，本人可能也不知道自己是否會有過敏反應。如果不喜歡某種食物的外型，或是氣味不佳，那麼你可能不會伸手拿來吃，即便別人給你，你也可能會搖手拒絕。但是過敏物質不一定有這些外在特徵，所以只有在親身經歷了蕁麻疹或頸部腫脹等症狀後才知道危險性。甚至就連心愛寵物的毛髮或是和煦春風中的花粉，也都可能成為過敏的來源。過敏反應並不是因為自己身體異常，或是對方具有毒性而引發的現象，只是兩者相剋導致的結果罷了。

關係的過敏反應

過敏反應不只出現在身體上，就連內心也會產生過敏反應。當然，學術上並沒有針對「心靈過敏」的症狀有明確定義，但在與人建立各種關係時，有時候的確會遇到值得人們對此下定義的關係。就像貓遇到百合花會出現各種不適症狀一樣，相信你也曾經歷過見到某個特定人士後，在心靈上飽受痛苦和折磨的經驗。

第一次讓我懷疑自己有心靈過敏反應的人，是性格敦厚、喜歡開玩笑的朋友宰鎬。我們彼此住得很遠，也不在同一個職場工作，每年只會見上一、兩次面，見面時總是相談甚歡，對我而言他是一位可以輕鬆交往的朋友。但是，每次和宰鎬見完面回家，不知怎麼地身心都會覺得很不舒服，整個人感到很沉重。和他一起吃飯時，有好幾次也會因為消化不良而難受，更曾經在事後因身體不適而臥病在床。只要是跟宰鎬有關的事，就很容易出現問題。和他一起去買東西，經常會買到有瑕疵或是故障的物品，甚至必須為了換貨而多跑一趟。若是跟他一起去旅行，途中也經常出現預約失誤或其他意想不到的問題。一開始我不以為意，甚至不相信會有這樣的事，可是類似的事件不斷地重複發生，即便遲鈍如我也逐漸察覺到不對勁。起初我以為或許是我對宰鎬有偏見，因而選擇靜觀其變，但是隨著時間的流逝，類似情況卻一再發生，最後演變為無法忽視的情況。

對於這種莫名其妙發生的事，多數人都不會賦予它太大的意義，只當成單純的偶然事件，並且很快地從記憶中抹去。但是若將這種模式賦予意義，那麼會發生什麼事呢？如果把這段時間經歷的各種零星狀況做個歸納，你就會發現難以察覺到的「共同反應」。

每次和宰鎬見完面回來，我心中產生的共同反應是「不安」。並不是跟他見面的當下會有這種感覺，而是在見過面之後，內心才會感受到某種不安的心情。而且就像要證明這種不安感確實存在似地，會開始接連不斷地發生意外事件，這些事使我的心情變得黯淡，也擾亂了我的想法。由於他並沒有做錯任何事，所以我把不安的原因歸結在自己身上，對此也不以為意。但是經歷過反覆出現的不安後，我才開始覺得事情沒有那麼單純，而這種想法轉變，也意味著內心開始產生抵抗機制，也就是所謂的「心靈過敏」。最後，我才確信宰鎬正是引起我過敏反應的主因。

但是對宰鎬做出這樣的判斷，不代表今後就要避免和他見面，或是變得討厭他。只是之後在與他見面前，我會以謹慎的態度預測可能會產生的不安感，並且盡量避免跟他產生磨擦，更加小心翼翼地對待這段關係。因此，我也努力讓自己成為一個謹言慎行的人，不開過分或是傷人的玩笑，注意自己說話的語氣，並且盡量設身處地為他人著想，這些都是我為了保護自己而制定的安全裝置。人在發生特殊情況時，為了保護自己並減少受到該情況的影響，大腦會自動擬定一套應對戰略。光是做到這一點，過敏的症狀就能得到緩解。

如果想了解引發過敏的對象

遇到陌生的對象，首先必須努力了解「他」。但是，連他本人也不見得了解自己，我們更不可能完全認識。想了解對方，必須花上很長的時間，也要花費很多心血，仔細去觀察過敏反應，就是必做的功課之一。

如果想了解心靈的過敏，可以參考醫院實際進行過敏原檢測的模式。為了提前知道人體對哪些物質會產生過敏反應，醫院通常會進行「貼布測試」和「點刺測試」。

貼布測試是指將各種誘發過敏的抗原貼在皮膚上，觀察幾天後的皮膚是否出現異常反應；點刺測試則是在患者的皮膚上刺入極少量的致敏原，藉此判斷是否對某種致敏原產生過敏反應。兩種測試方法的共同點，都是讓患者直接接觸少量誘發過敏的物質，然後再觀察反應。

人與人之間的關係，也需要這種測試方式。就像直接用極少量的致敏原在人體上做測試一樣，我們在與對方建立深厚的關係前，也要經常與對方見面，從中仔細觀察他對自己產生的影響。不帶有任何目的的短暫見面、輕鬆無負擔的談天說地都可以，保持適當的距離，在經過數次見面後，再好好觀察自己的內心有何反應。

為了能夠一視同仁

努力了解對方的做法，是為了在對方成為傷害自己的毒藥以前，先設立一個能否與對方交往的判斷基準。不過，這並不意味著認識朋友前都得先挑選對象，這只是為了讓自己在交朋友時，能夠一視同仁所建立的保護機制。

就像身體的過敏反應一樣，心靈的過敏反應也不是因為某個人的錯誤而產生的現象。雖然不知理由為何，不過遇到讓自己內心變得不安的對象，很多人就會開始責怪自己，認為是自己過於謹慎或不善與人交往，只想盡快消除不安的情緒。此外，也有人採取相反的舉動，毫無根據地抱怨或責怪讓自己感到不安的對象。或許問題都不在雙方身上，而是出在「見面」這件事本身。

有時候命運教會我們，或許這世上真的有不適合交往的關係，所以我們不必非得去接近使自己感到不安的人。如果不得已一定要每天見面，那麼我們就應該用真心去對待他，但要記得保持適當的情緒距離，減少彼此的磨擦。有時候這種難以言喻的心靈反應，也許就是一種暗示自己遠離對方的最佳訊號。

牽引人生的無形力量

雇主與幫傭的故事

淑子是一名家庭幫傭，雖然患有語言障礙，但她卻是一位非常善良且認真的人。無論何時她都盡心盡力地工作，即便沒有特別吩咐，她也會主動且俐落地解決問題。雇主景順太太對她的努力看在眼裡，慢慢對她產生了好感，後來更得知淑子是寡婦，得獨自撫養一名年幼女兒的事實。有一天，淑子工作到很晚才結束，景順太太送她回家時，發現她住得偏遠，想著一名年輕女子帶著孩子住在這裡，實在太危險又不便。對淑子處境感到心疼的景順太太，於是決定讓淑子和她女兒搬進自己家裡，並提高了淑子的工資，甚至替她年幼的女兒支付教育費和生活費，提供她們相當優渥的待遇。最難得的是，景順太太並沒有擺出高高在上的姿態，不會讓接受這一切的淑子感到難堪。偶爾當淑子犯下嚴重錯誤時，景順太太也沒有追究責任，而是選擇默默原諒。即使後來景順太太自家陷入困境時，她也沒開口要淑子離開這個家。其他家人對淑子感到不滿時，她也會站在淑子這邊替她說話。為了不讓家人對此感到抱怨，她選擇與淑子站在同一陣線共同努力。

景順太太和淑子就這樣一起度過了五十年。淑子現在已經是一位年近八十歲的老奶奶，由於後來患了失智症，因此無法再做家務。而同樣高齡八十多歲的景順太太，則一如既往地照顧著孤苦無依的淑子，把她當成親妹妹看待。淑子的女兒在三十歲那年遇到了合適的對象並結了婚，建立了自己的家庭。景順太太在她結婚時還替她準備了嫁妝，至今仍然在她遇到困難時不吝伸出援手，就像她的另一個「媽媽」一樣。

毫無緣由地施予善舉

在這個遇到頻率不合的人就會果斷轉身的現代社會，景順奶奶的故事讓人感到遙遠且陌生。為什麼她會一直把淑子奶奶留在身邊？為什麼她會寬宏大量地不斷原諒對方？為什麼在年邁之際還要照顧一個沒有任何血緣關係的外人？為什麼要把別人的孩子視如己出，還替她準備嫁妝呢？只要一想到景順奶奶，我的腦海中就會出現一連串「為什麼」的問號。

對於我的種種疑惑，景順奶奶不以為意地說：

「我之所以會幫助淑子，主要原因是為了我自己。她的身體看起來很虛弱，又沒有辦法說話，和她相處了幾天後，我就知道她今後的人生會過得很辛苦。如果放任淑子不管，我的心裡會很難受，所以我才這麼做。」

即便如此，我還是不能理解，所以我又問景順奶奶：

「她的人生會變得如何，不是她自己的責任嗎？」

我把這幾年時常發生的可怕社會案件告訴景順奶奶，例如某人遇到困難時，朋友都會給予援助，但是當那個人得知朋友賺了大錢後，卻被嫉妒矇蔽雙眼，反而殺害了那位朋友；或是有位好心人士，幫某個露宿者找到住處和工作，可是那位露宿者卻到他家偷竊，甚至還行使暴力等故事。類似這樣出於好心幫助他人，最後卻遭遇不幸的事件，在如今的社會中可謂層出不窮。

景順奶奶安靜聽完我說的故事後，笑著說：

「當然也可能會發生這樣的事，不過任何關係會如何發展，最後會演變成怎樣，這是誰也無法預測的事情。我只是聽從了自己的心意，去做了我想做的事，所以我覺得很幸福。我的孩子從小看著這樣的我，耳濡目染下現在也成為願意幫助別人的大人，因此我反而很感激上天讓淑子來到我身邊。」

對於景順奶奶的回答，我沒有再多說什麼，因為對她而言，施捨已經成為一種信仰。

「他」來到我身邊的理由

與景順奶奶分別之際，她給了我一番如同饋贈的珍貴話語。

「我以前在開車的時候，每次發動引擎，腦海中就會出現這樣的想像——眼前有四匹馬，就像在拉馬車一樣拉著我的車子，不是由汽車引擎來驅動車子，而是由四匹馬拉著我的車子奔跑。帶著這樣的想法開車，自然而然就會按照四匹馬的間隔與前車保持距離。由於是由馬來引領我的車子，當然也不能粗暴地亂開，要保持小心翼翼的態度才行。就這樣一直到我因為眼睛看不清楚而放棄開車為止，我從來都沒有因為自己的失誤而發生過交通事故。除了車子，最近我也在思考，還有什麼事物在引領著我的人生。我想到的答案是：至今為止遇到的『人』。因為有他們，我的人生才能繼續往前走。當然淑子也是其中之一，因為有淑子的存在，我才能朝著幫助他人的方向前進。」

聽完景順奶奶的話之後，我也開始想像引領自己人生的那股看不見的力量，然後向她學習尊重這種力量的態度。所謂建立良好的關係，並不是刻意去尋找對自己有好處的人，而是去發掘周遭的人對自己有著什麼樣的意義。當我能夠明白他出現在我身邊的意義時，關係中的痛苦和不幸就會產生截然不同的正向共鳴。擁有能夠找到這種意義的眼光，正是我們應該培養的能力。

透過卓越眼光建立的良好關係，可以成為一種治癒，也可以帶來希望。它能讓人開始自我反省，進而彌補自身的不足，並消除內心的矛盾，就這樣一點一滴地讓自己的人生變得更有價值。正如弗里德里希・尼采（Friedrich W. Nietzche）所說的：「自身的價值，可以透過與他人的關係來衡量。」我們在人生路上與他人建立的關係，終將成為生命意義的所在。

結語

為了不留下另一個悔恨

我有一個比我年長兩歲的哥哥。小時候，哥哥總是走在我前方，照理來說他應該帶領我往前走，但他的步伐總是搖搖晃晃，看起來險象環生。看著這樣的他，我不禁心生憐憫，所以我一直期望自己能夠成為一名堅實可靠的弟弟。

一直以來我們都和平共處，卻在國中時期開始陷入僵局。當時的我曾在某次獨自前往大眾澡堂時遭到性騷擾，不知道該如何應對而痛苦不已。不知情的哥哥某天找我一起去澡堂，當下不好的記憶頓時浮現腦海，我因而堅決地拒絕了哥哥的要求。可能是因為我的斷然拒絕惹惱了他，在一番爭執後，哥哥打了我好幾個耳光，並且用非常難聽的話狠狠地罵了我一頓。從那天起，對哥哥的憎恨就在我的心裡生了根，雖然之後他曾數次主動開口與我說話，或是跟我開玩笑，但我的心已經變得冰冷，與哥哥的關係也就越來越疏遠。

隨著年紀增長，我們各自成家立業，過著自己的人生，小時候的記憶也已經慢慢遺忘了。但我的內心深處還是留著對哥哥的憎恨，也許是因為這個原因，我一直無法與哥哥變得親密。然而，與我有著愛憎關係的哥哥卻在幾年前因病住院，病名是「再生不良性貧血」，這是一種骨髓無法製造新的血液細胞，造成血液缺乏各種血球的罕見疾病。哥哥的病情逐漸惡化，他為了活下去費盡了精神。雖然情況令人憂心，但礙於和哥哥的關係十分尷尬，我連一句溫暖的安慰之詞都未能傳達，只是站在遠處默默觀察他的狀況。就在他與病魔鬥爭了三個月後的某一天，哥哥突然發了一則簡訊給我，訊息中沒有其他內容，只寫了短短的三個字。

「謝謝你。」

「謝謝？謝我什麼？」在我印象中，哥哥從來沒對我說過這句話。雖然我很好奇他的用意為何，卻又不知道該怎麼回答，所以沒有立即回覆他。本來想整理一下思緒再回訊，但就在我猶豫未決的隔天，他就突然因為敗血症離開了人世。前一天收到的感謝簡訊，成為哥哥對我最後的遺言，然而我卻再也沒機會知道他向我道謝的原因了。

之後我為哥哥治喪，到了告別的那天，當我看著哥哥的骨灰進入靈骨塔的那一刻，雖然曾對他抱恨在心，但一想到因為自己心胸狹隘而未能跟他說句原諒的話，我就羞愧地抬不起頭來。事到如今，憎惡已經隨著他的死亡一起消失，留在我心裡的只剩下悔恨。做了這麼多年的兄弟，我對他究竟了解多少？原來我對他的想法、心意和感情一無所知。而我因為一時的怨氣破壞了兄弟之情，如此愚昧的行為讓我後悔不已。

現在回想起來，和解並不是一件難事。只是那時的我們過於年輕，不知道如何表達自己的心意。如果當時能夠鼓起勇氣好好地談一談，努力設身處地為對方著想，然後放下心中的怨恨原諒他，那麼，我們是否能以更好的面貌建立一段幸福的兄弟關係呢？

自從那天後，為了不留下更多的悔恨，我開始去思考許多內心尚且無法原諒的關係。因為怨恨而分離的關係、每當想起對方心裡就感到難受的關係，以及因為憎恨而故意逃避的關係等等，我下定決心要好好面對他們的內心與想法。這本書，正是我在反省之中寫下的作品。

只有在自己鼓起勇氣先原諒對方錯誤的時候，才能建立一段無怨無悔的關係；只有真心原諒他人，才能毫無怨言地與對方產生共鳴；只有產生共鳴，才能擁有看清對方面貌的澄淨眼神。如此一來，我們才能不帶雜念地看到對方的本質。透過卓越眼光締結的關係，將會為你帶來更美好和豐富的人生，開出沁人心脾的緣分之花。

國家圖書館出版品預行編目資料

給無法輕易絕交又想活得更自在的你：諮商心理師教你不傷人也不受傷的人際關係學／申紀律著；陳曉菁譯. -- 初版. -- 臺北市：日月文化出版股份有限公司，2023.08
256面；14.7×21公分. --（大好時光；71）
譯自：관계의 안목: 내 삶에 의미 있는 관계와 사람을 알아보는 지혜
ISBN 978-626-7329-24-5（平裝）

1. 人際關係 2. 生活指導

177.3 112010273

大好時光 71

給無法輕易絕交又想活得更自在的你

諮商心理師教你不傷人也不受傷的人際關係學

관계의 안목: 내 삶에 의미 있는 관계와 사람을 알아보는 지혜

作　　者：申紀律（신기율）
譯　　者：陳曉菁
主　　編：藍雅萍
校　　對：藍雅萍、張靖荷
封面設計：張巖
美術設計：尼瑪

發 行 人：洪祺祥
副總經理：洪偉傑
副總編輯：謝美玲
法律顧問：建大法律事務所
財務顧問：高威會計師事務所
出　　版：日月文化出版股份有限公司
製　　作：大好書屋
地　　址：台北市信義路三段151號8樓
電　　話：（02）2708-5509　傳　　真：（02）2708-6157
客服信箱：service@heliopolis.com.tw
網　　址：www.heliopolis.com.tw
郵撥帳號：19716071 日月文化出版股份有限公司

總 經 銷：聯合發行股份有限公司
電　　話：（02）2917-8022　傳　　真：（02）2915-7212
印　　刷：禾耕彩色印刷事業股份有限公司
初　　版：2023年08月
定　　價：350元
I S B N：978-626-7329-24-5

Original Title: 관계의 안목
INSIGHTS INTO RELATIONSHIPS by Giyul Shin

Original Korean edition published by Gilbut Publishing Co., Ltd., Seoul, Korea

生命,因閱讀而大好